Fredo & Co

Mathematik 3

erarbeitet von

Mechtilde Balins, Rita Dürr, Nicole Franzen-Stephan,
Petra Gerstner, Ute Plötzer, Anne Strothmann,
Margot Torke und Lilo Verboom

illustriert von

Cleo-Petra Kurze und Martina Theisen

Oldenbourg

Inhaltsverzeichnis

Wir starten in das 3. Schuljahr
- Ferienzeit in Deutschland und anderswo 4
- Wiederholung: Rechenwege (+) 6
- Wiederholung: Rechenwege (−) 7
- Aufgaben mit Ziffernkarten (+) 8
- Aufgaben mit Ziffernkarten (−) 9
- Daten aus der Schule 10
- Entdeckungen an Rechenmauern 12
- Rechendreiecke 13
- Nase vorn 14
- Das Einmaleins üben 16
- Einmaleinstafel 18
- Einmaleinsspiele 19
- Malnehmen und teilen 20
- Teilen üben 22
- Mal-Plus-Häuser 1 24

Die Zahlen bis 1000
- Schätzen und zählen 26
- Hunderter – Zehner – Einer 27
- Große Zahlen 28
- Stellenwerte 29
- Das Tausenderfeld 30
- Das Tausender-Leporello 32
- Zahlenstrahl und Rechenstrich 34
- Zahlen in der Stellenwerttafel 36

Sachrechnen: Geld
- Rechnen mit Geld 38
- Kinderflohmarkt 40
- Schule in der Kiste 41

Geometrie: Symmetrie
- Spiegelbilder 42
- Spiegelbilder am Geobrett 43

Addition und Subtraktion bis 1000
- Rechnen im Kopf 44
- Über und unter den Hunderter 46
- Aufgaben an der Hundertertafel 47

Sachrechnen: Zeit und Wahrscheinlichkeit
- Minuten und Sekunden 48
- Wahrscheinlichkeit 50

Addition und Subtraktion bis 1000
- Rechenwege bei der Addition 52
- Von einfachen zu schwierigen Aufgaben (+) 54
- Rechenwege bei der Subtraktion 56
- Geschickt rechnen 57
- Von einfachen zu schwierigen Aufgaben (−) 58
- Das Pascalsche Dreieck 60

Sachrechnen
- Lustige Rechengeschichten 62

Geometrie: Geometrische Körper
- Geometrische Körper untersuchen 64
- Würfelnetze 66

Sachrechnen: Längen (Teil 1)
- Meter und Zentimeter 68
- Zentimeter und Millimeter 69
- Rechnen mit Längen 70

Geometrie: Flächenvergleich
- Flächen vergleichen 72

Sachaufgaben: Zeit	Tageslängen und Jahreszeiten	74
	Bildschirmzeit – Bewegungszeit	76
Schriftliche Addition	Schriftliches Addieren	78
	Addieren üben	80
	… mit Kommazahlen – Überschlag	81
Geometrie	Verschiedene Vierecke	82
	Senkrecht zueinander	84
	Parallel zueinander	85
Sachrechnen: Längen (Teil 2)	Meter und Kilometer	86
	Unterwegs im Zoo	88
	Entfernungen	89
Schriftliches Rechnen	Schriftliches Subtrahieren – Abziehen	90
	Schriftliches Subtrahieren – Rechnen mit Nullen	92
	Schriftlich addieren üben	94
	AHA-Zahlen	95
Geometrie: Symmetrie	Auf Symmetrie überprüfen	96
	Figuren symmetrisch ergänzen	97
Sachrechnen: Rechengeschichten und Gewichte	Bahngeschichten	98
	Wiegen und vergleichen	100
	Die rückenfreundliche Schultasche	102
	Große und kleine Gewichte	103
	Informationen entnehmen	104
Multiplikation und Division	Mal-Plus-Häuser 2	106
	Die höchste Dachzahl gewinnt	107
	Vielfache von Zahlen	108
	Teiler von Zahlen	109
Sachrechnen: Lösungswege und Geld	Sachrechen-Knacknüsse	110
	Taschengeld	112
	Sachrechen-Tipps	113
Multiplikation und Division mit Zehnerzahlen	Multiplizieren mit Zehnerzahlen	114
	Zehnerzahlen dividieren	115
Geometrie: Parkettieren	Fliesenmuster	116
Halbschriftliche Multiplikation	Halbschriftliche Multiplikation 1	118
	Halbschriftliche Multiplikation 2	120
Geometrie: Bauwerke	Mit Würfeln bauen	122
Rätseln, knobeln, kombinieren	Kombinatorik	124
	Knobeleien	126
	Zahlenfolgen	127
Wiederholung	Üben und wiederholen	128
	Im Zeltlager	129
Alernative zum Abziehverfahren (S. 90)	Schriftliches Subtrahieren – Ergänzen	130
	Mathe-Lexikon	132
	Mathematische Inhaltsübersicht	134

Ferienzeit in Deutschland ...

AH S.3

Wir haben uns lange nicht gesehen!

Schön dich wiederzusehen!

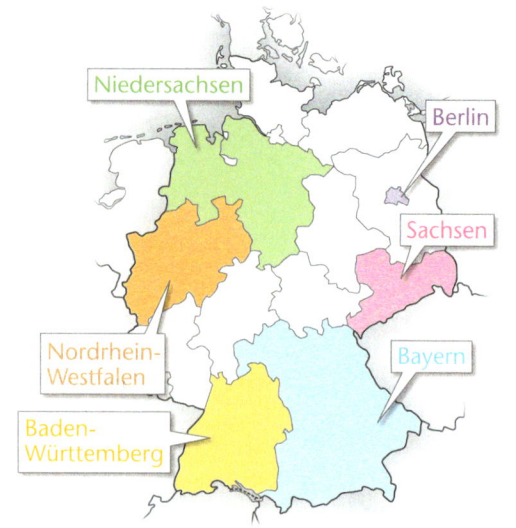

Niedersachsen • Berlin • Sachsen • Nordrhein-Westfalen • Baden-Württemberg • Bayern

Sommerferien in Deutschland

Bundesland	2013	2014	2015
Baden-Württemberg	25.07. – 07.09.	31.07. – 13.09.	30.07. – 12.09.
Bayern	31.07. – 11.09.	30.07. – 15.09.	01.08. – 14.09.
Berlin	20.06. – 02.08.	10.07. – 22.08.	16.07. – 28.08.
Niedersachsen	27.06. – 07.08.	24.07. – 03.09.	23.07. – 02.09.
Nordrhein-Westfalen	22.07. – 03.09.	07.07. – 19.08.	29.06. – 11.08.
Sachsen	15.07. – 23.08.	21.07. – 29.08.	13.07. – 21.08.

1 Erzähle: Was kannst du alles aus dem Ferienplan ablesen?

2 *In welchem Bundesland beginnen 2015 die Ferien zuerst?*

3 *In welchem Bundesland beginnen 2015 die Ferien zuletzt?*

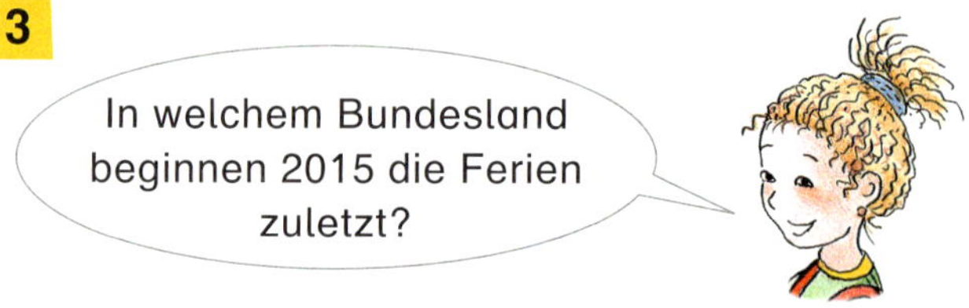

4 Wann beginnen die Ferien in Niedersachsen? Was fällt dir auf?
   a) 2013   b) 2014   c) 2015

5 Wann beginnen die Sommerferien 2014 in deinem Bundesland? Wann enden sie?

6 Wie viele Tage dauern die Sommerferien in deinem Bundesland?
Ein Kalender hilft.

7 *Mein Freund geht am 1. September 2014 wieder in die Schule. In welchem Bundesland könnte er wohnen?*

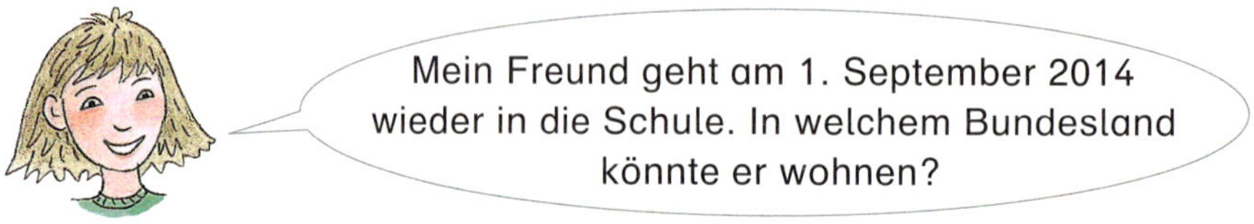

... und anderswo

In Frankreich haben die Kinder noch Schulferien.

Mein Cousin hat auch noch Ferien!

In der Türkei auch.

Großbritannien
Dänemark
Frankreich
Spanien
Italien
Türkei

Sommerferien in Europa

Frankreich
10 Wochen im Juli/August/September

Italien
12 Wochen im Juni/Juli/August/September

Großbritannien
6 Wochen im Juli/August

Türkei
12 Wochen im Juni/Juli/August

Spanien
11 Wochen im Juni/Juli/August/September

Dänemark
6 Wochen im Juli/August

8 Erzähle.

9 Wie viele Tage dauern die Sommerferien in den einzelnen Ländern?

10 Warum dauern die Sommerferien in den Ländern wohl unterschiedlich lange?

Erkundige dich: Wann haben die Sommerferien in diesen Ländern in diesem Jahr begonnen? Wann waren sie zu Ende?

Sommerferien Türkei

Som

Wiederholung: Rechenwege ⊕   AH S. 4, 5

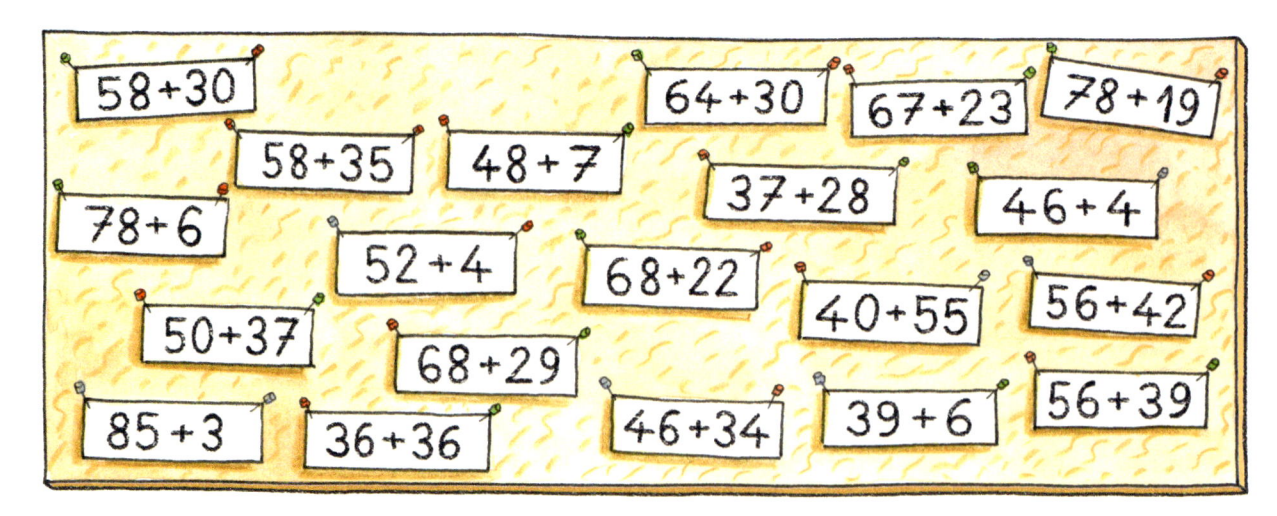

58+30   64+30   67+23   78+19
58+35   48+7   37+28   46+4
78+6   52+4   68+22   40+55   56+42
50+37   68+29
85+3   36+36   46+34   39+6   56+39

1 Suche Aufgaben aus, die du leicht rechnen kannst und löse sie.

2 Rechne dann alle anderen Aufgaben. Notiere deinen Rechenweg.

3 Welche Aufgabe ist für dich schwieriger: 26 + 49 oder 64 + 22 ? Erkläre.

Die Einer ergeben zusammen mehr als 10.

... ist nah an einer Zehnerzahl.

Die Einer ergeben zusammen weniger als 10.

4 Vervollständige.

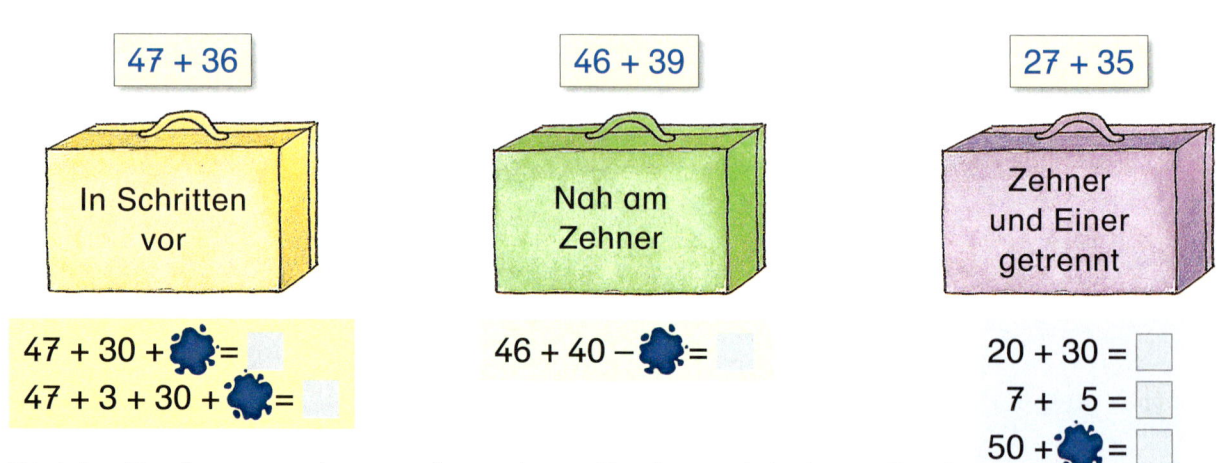

47 + 36 — In Schritten vor
47 + 30 + ▓ =
47 + 3 + 30 + ▓ =

46 + 39 — Nah am Zehner
46 + 40 − ▓ =

27 + 35 — Zehner und Einer getrennt
20 + 30 =
7 + 5 =
50 + ▓ =

Welche Rechenwege kannst du auch am Rechenstrich darstellen?

5 Von der einfachen zur schwierigen Aufgabe

26 + 33	34 + 41	35 + 54	27 + 21	22 + 51
26 + 34	34 + 46	35 + 55	27 + 23	22 + 58
26 + 37	34 + 48	35 + 58	27 + 28	22 + 59

6 Bilde mindestens fünf Rechenpäckchen wie bei Aufgabe 5.

Wiederholung: Rechenwege ⊖

AH S. 4, 5

```
58-30      64-50   67-27  78-19
   58-35  43-7        33-27
72-36              86-34     64-5
     55-4              80-55
53-3                        93-75
      98-29
85-3   90-36   73-44   31-9   56-39
```

1 Suche Aufgaben aus, die du leicht rechnen kannst und löse sie.

6 – 2 kann ich rechnen. 2 – 6?

2 Rechne dann alle anderen Aufgaben. Notiere deinen Rechenweg.

3 Welche Aufgabe ist für dich schwieriger: 86 – 32 oder 82 – 36 ? Was meint Fredo?

4 Vervollständige.

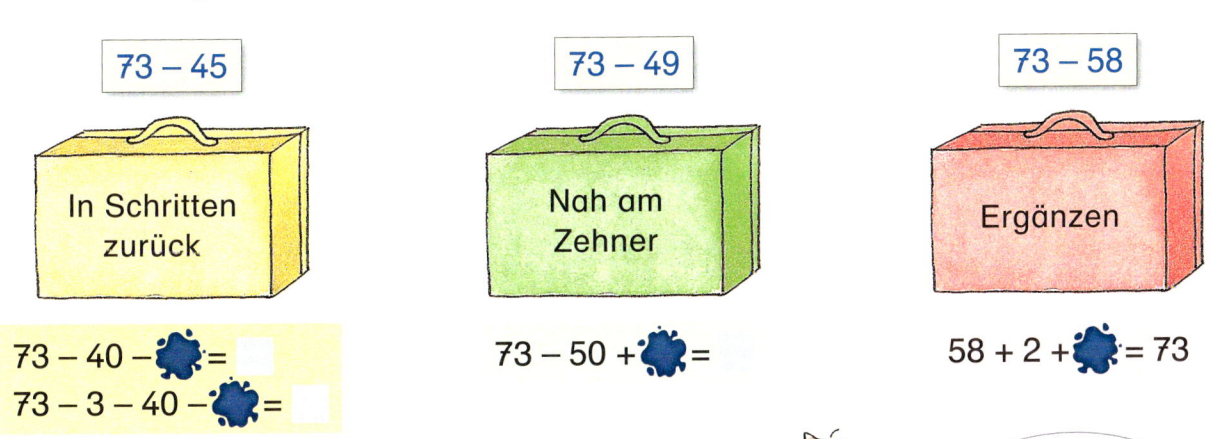

73 – 45

In Schritten zurück

73 – 40 – ▓ =
73 – 3 – 40 – ▓ =

73 – 49

Nah am Zehner

73 – 50 + ▓ =

73 – 58

Ergänzen

58 + 2 + ▓ = 73

Stelle die Rechenwege auch am Rechenstrich dar.

Wie notiere ich das denn am Rechenstrich?

5 Überlege vorher, wie du rechnest.

83 – 45   67 – 39   52 – 38   46 – 32   98 – 76   53 – 49

6 Von der einfachen zur schwierigen Aufgabe

56 – 33	64 – 22	95 – 21	67 – 11	92 – 51	83 – 31
56 – 36	64 – 24	95 – 25	67 – 17	92 – 52	83 – 33
56 – 37	64 – 28	95 – 27	67 – 18	92 – 56	83 – 39

7 Bilde mindestens fünf Rechenpäckchen wie bei Aufgabe 6.

Aufgaben mit Ziffernkarten ➕

AH S. 6

26 + 38 = 64

Die kleinere Summe gewinnt

Ziehe 4 Ziffernkärtchen von deinem Stapel und bilde 2 zweistellige Zahlen.
Addiere die beiden Zahlen.
Wer die kleinere Summe hat, erhält einen Punkt.

1 Kann Justus noch gewinnen?

2 Spielt das Spiel mit euren Ziffernkarten.

3 Bilde Plusaufgaben mit zweistelligen Zahlen. | 2 | 3 | 4 | 5 |

Das Ergebnis soll …
a) … kleiner als 60 sein.   a) 2 4 + 3 5 < 6 0
b) … größer als 80 sein.
c) … genau 59 (68, 77, 86) sein.

Summe:
Ergebnis einer Plusaufgabe

addieren:
plus (+) rechnen

Ziffer:
34 → Zahl
   → Ziffern

zweistellige Zahl
eine Zahl mit 2 Ziffern

4 Das Ergebnis soll zwischen 60 und 90 liegen. | 1 | 2 | 4 | 6 | 8 |
Finde möglichst viele Aufgaben mit zweistelligen Zahlen.

5 a) Plusaufgaben mit vertauschten Ziffern

53 + 35   32 + 23   43 +   51 +

71 + 17   41 + 14   25 +   24 +

b) Was fällt dir auf? Erkläre.

c) Bilde Aufgaben mit vertauschten Ziffern zu dem Ergebnis 99.
Hast du einen Trick, wie du schnell passende Aufgaben finden kannst?

6 Kommen bei Aufgaben mit vertauschten Ziffern wirklich immer Ergebnisse mit gleichen Ziffern heraus? Probiere aus. Was stellst du fest?

Aufgaben mit Ziffernkarten ⊖

AH S. 6

Die kleinere **Differenz** gewinnt.

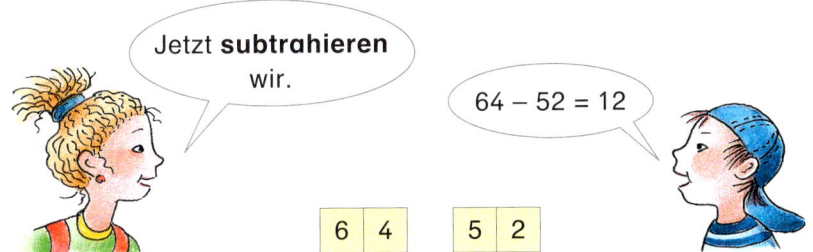

Jetzt **subtrahieren** wir.

64 – 52 = 12

| 6 | 4 | | 5 | 2 |

subtrahieren:
minus (–) rechnen

die Differenz
(der Unterschied):
Ergebnis einer Minusaufgabe

1 Wie haben Jette und Justus die Spielregel verändert?

2 Überprüfe: Findest du mit Justus' Zahlenkarten noch eine kleinere **Differenz**?

Das mache ich mit System.

3 Bilde möglichst viele Minusaufgaben mit zweistelligen Zahlen.

| 8 | 4 | 6 | 3 |

4 Finde die Minusaufgabe mit der kleinsten **Differenz**.

a) | 9 | 4 | 7 | 5 | b) | 9 | 2 | 7 | 3 | c) | 8 | 3 | 6 | 5 |

5 Minusaufgaben mit vertauschten Ziffern. Rechne.

a) 74 – 47   b) 73 – 37   c) 72 –   d) 71 –
   85 – 58   84 – 48   83 –   82 –
   96 – 69   95 – 59   94 –   93 –

Der Unterschied zwischen den Ziffern 7 und 4 beträgt 3.

| 7 | 4 | Unterschied: 3

Was fällt dir bei den Aufgaben und den Ergebnissen auf?

Wenn der Unterschied zwischen den Ziffern 3 beträgt, kommt bei der Aufgabe immer ... heraus.

Wenn der Unterschied zwischen den Ziffern ... beträgt, ...

6 Suche Aufgaben mit vertauschten Ziffern zu den Ergebnissen 9 und 18. Hast du einen Trick, wie du schnell passende Aufgaben finden kannst?

7 a) Wie viele Aufgaben mit vertauschten Ziffern gibt es insgesamt?
b) Wie viele unterschiedliche Ergebnisse gibt es insgesamt?

Daten aus der Schule

AH S. 7

Ich habe am Dienstag Theater-AG und am Freitag Deutsch-Förderunterricht.

Ich habe am Mittwoch Mathematik-Förderunterricht und am Donnerstag Chor.

Unser neuer Stundenplan

Uhrzeit	Montag	Dienstag	Mittwoch	Donnerstag	Freitag
8.15 – 9.00	Deutsch	Sachunterricht	Englisch	Deutsch	Religion
9.00 – 9.45	Sachunterricht	Mathematik	Deutsch	Mathematik	Deutsch
10.00 – 10.45	Mathematik	Deutsch	Mathematik	Sachunterricht	Mathematik
10.45 – 11.30	Sport	Englisch	Kunst	Kunst	Musik
11.45 – 12.30	Sport	Religion	Sport	Kunst	Förderunterricht Deutsch
12.30 – 13.15		Theater-AG	Förderunterricht Mathematik	Chor	

1 Erzähle: Was kannst du aus dem Stundenplan ablesen?

2 Vervollständige.

a) *Der Unterricht beginnt immer um … Uhr.*

b) *Wir haben … Schulstunden Sport in der Woche.*

c) *Wir haben … Schulstunden Englisch in der Woche.*

3 Stimmt das? Überprüfe die Aussagen.
Verbessere falsche Aussagen.

Eine Schulstunde dauert 45 Minuten.

a) Die Kinder haben 2 Schulstunden Religion in der Woche.
b) Jette hat am Dienstag 6 Schulstunden Unterricht.
c) Justus hat 26 Schulstunden Unterricht in der Woche.
d) Jette hat am Montag bis 12.30 Uhr Unterricht.
e) Justus hat am Dienstag bis 12.30 Uhr Unterricht.

4 Stellt euch gegenseitig Fragen zu dem Stundenplan.

Wie viele Schulstunden …? *Wann beginnt …?* *Wann endet …?*

An welchem Tag …? *Um wie viel Uhr …?* *Welches Fach …?*

Schreibe deinen Wunsch-Stundenplan auf.

Lieblingsfächer	3 a	3 b
Deutsch	1	0
Mathematik	6	2
Sachunterricht	0	0
Englisch	0	0
Religion	0	0
Kunst	5	4
Musik	1	2
Sport	13	16

Wir haben die Kinder der Klassen 3a und 3b nach ihren Lieblingsfächern befragt. Jedes Kind durfte nur eine Stimme abgeben.

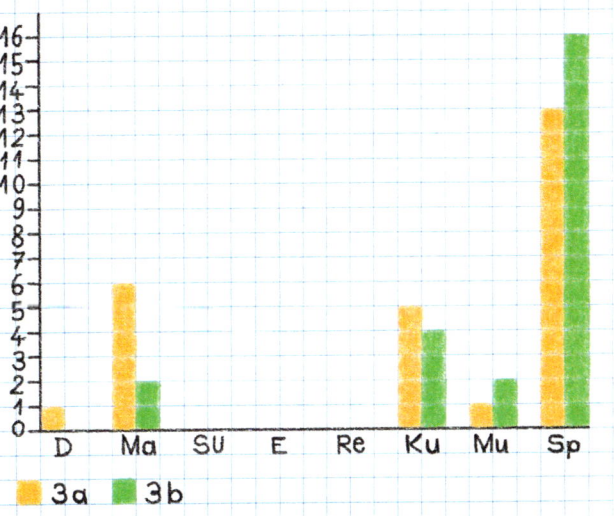

In welcher Klasse mögen die Kinder lieber Mathe als Kunst?

5 Du kannst aus der Tabelle und dem Diagramm vieles ablesen. Erzähle.
Was kannst du schneller aus der Tabelle ablesen?
Was kannst du schneller aus dem Diagramm ablesen?

6 Haben Jungen dieselben Lieblingsfächer wie Mädchen?
Macht in eurer Klasse eine Umfrage. Erstellt gemeinsam eine Tabelle an der Tafel.
Stellt das Ergebnis in einem Diagramm dar.

Lieblingsfächer	Jungen	Mädchen
Deutsch		
Mathematik		

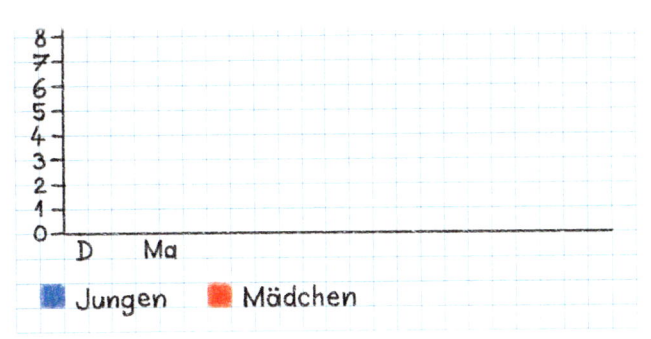

7 Führt selbst Umfragen durch.

Lieblingssport   Lieblingsessen
Lieblingsfarbe
Lieblingstier   Lieblings…

Entdeckungen an Rechenmauern

1 a) Löse die Mauern.

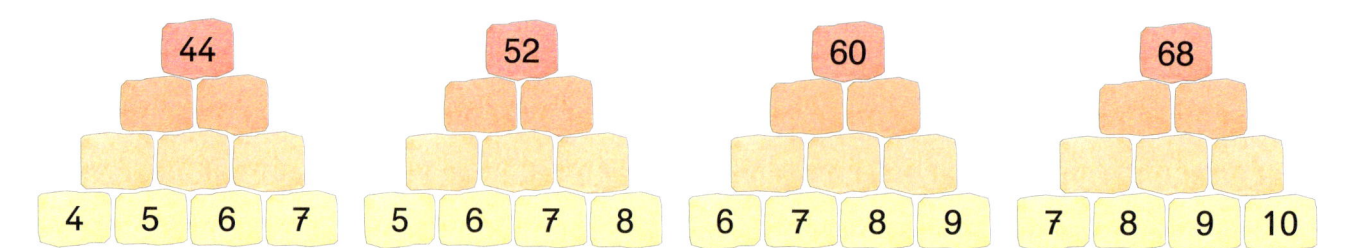

```
    44              52              60              68
   /  \            /  \            /  \            /  \
  /    \          /    \          /    \          /    \
 4  5  6  7     5  6  7  8     6  7  8  9     7  8  9  10
```

b) Vergleiche die Mauern miteinander.
   Wie verändern sich die Zahlen?

Die Zahlen in der 1. Reihe werden immer um ...

Die Zahlen in der 2. Reihe ...

Die Zahlen ...

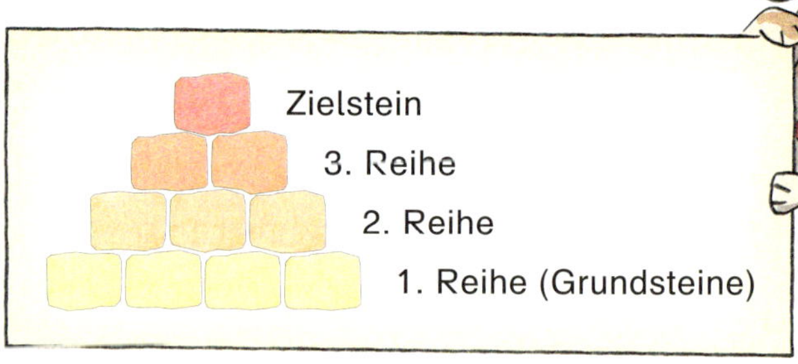

Zielstein
3. Reihe
2. Reihe
1. Reihe (Grundsteine)

c) Wie verändern sich die Zielsteine?

d) Welchen Zielstein hat die Mauer mit den Grundsteinen 8 9 10 11 ?

Kannst du es herausfinden, ohne die ganze Mauer zu berechnen?

2 a) Löse die Mauern.

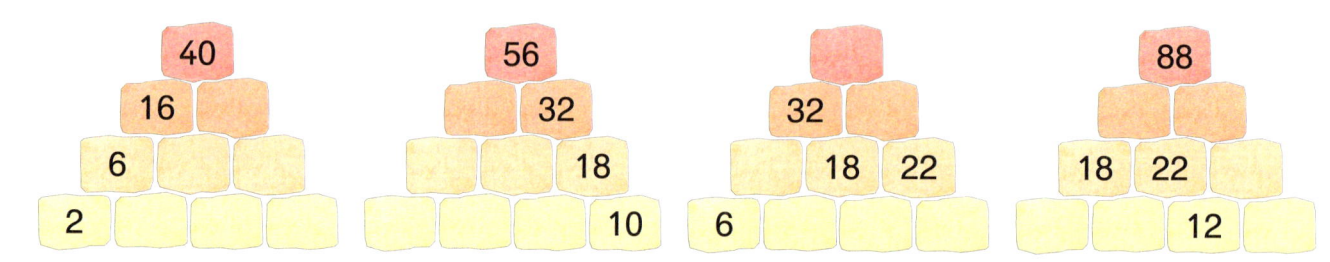

```
    40              56              □              88
   16               32              32              □
  6                   18         18  22         18  22
 2                 10           6                     12
```

b) Vergleiche die Mauern miteinander. Wie verändern sich die Zahlen?

3 a) Löse die erste Mauer. Wie geht es weiter?

```
 3  6  9  12     6  9  12       ...
```

b) Vergleiche die Mauern miteinander. Wie verändern sich die Zahlen?

Rechendreiecke

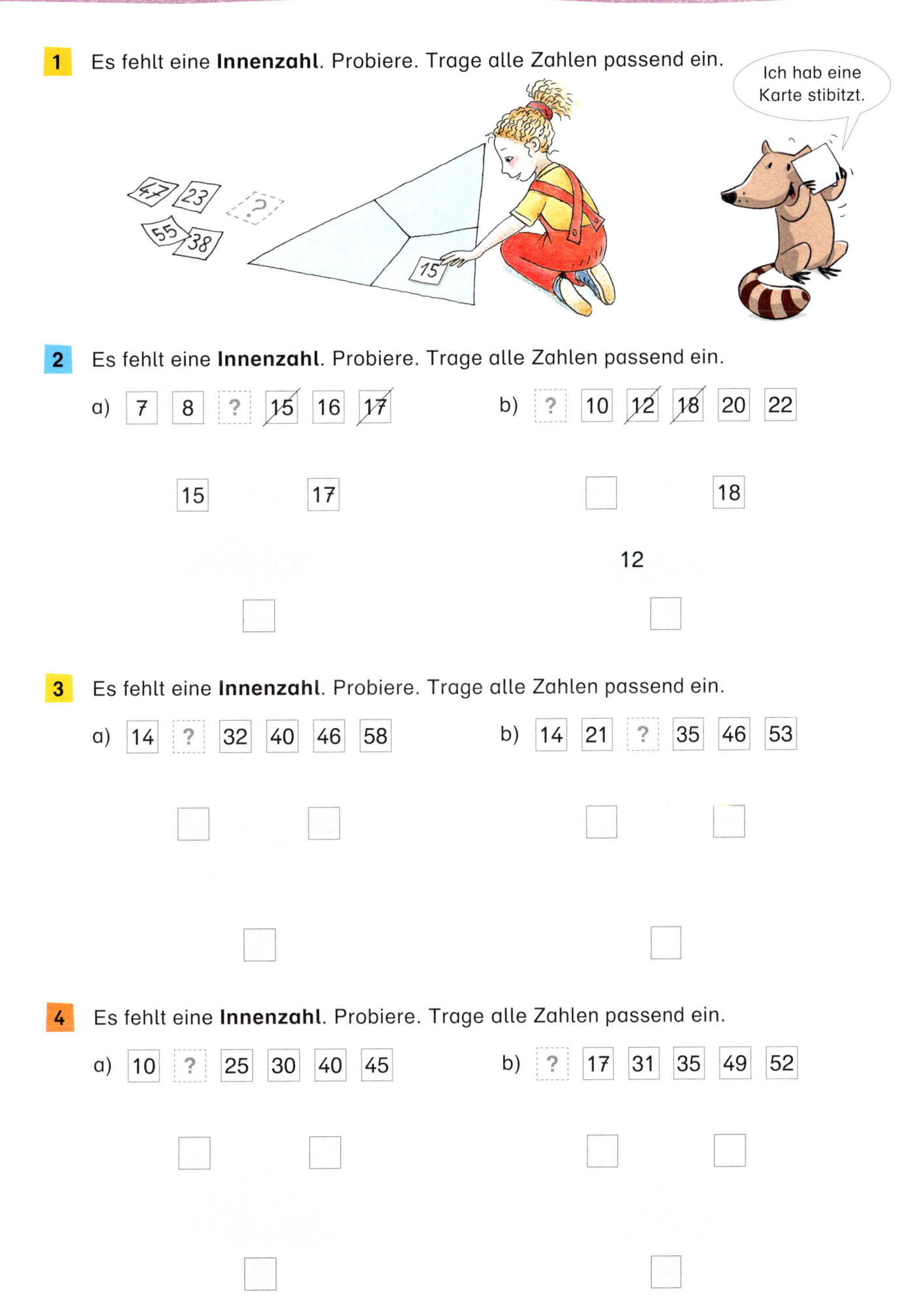

1 Es fehlt eine **Innenzahl**. Probiere. Trage alle Zahlen passend ein.

2 Es fehlt eine **Innenzahl**. Probiere. Trage alle Zahlen passend ein.

a) 7   8   ?   ~~15~~   16   ~~17~~

15   17

b) ?   10   ~~12~~   ~~18~~   20   22

18

12

3 Es fehlt eine **Innenzahl**. Probiere. Trage alle Zahlen passend ein.

a) 14   ?   32   40   46   58

b) 14   21   ?   35   46   53

4 Es fehlt eine **Innenzahl**. Probiere. Trage alle Zahlen passend ein.

a) 10   ?   25   30   40   45

b) ?   17   31   35   49   52

Nase vorn

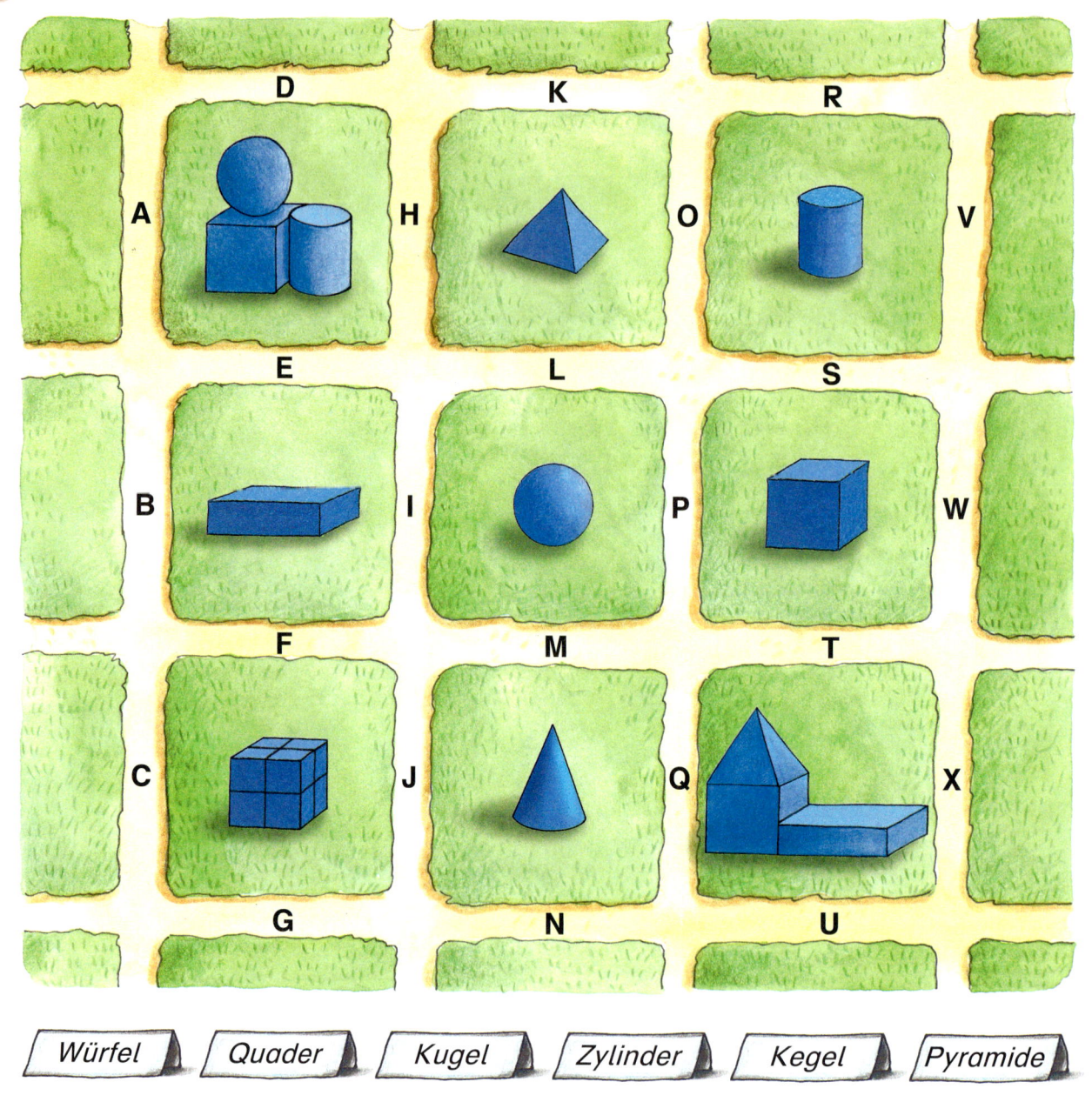

| Würfel | Quader | Kugel | Zylinder | Kegel | Pyramide |

Fredo macht eine Rallye durchs Geoland. Fips und Frida beschreiben den Weg.

„Starte bei G. Die Nase zeigt in Richtung N.
Biege an der Kreuzung links ab.
Gehe an der nächsten Kreuzung geradeaus.
Biege danach rechts und dann links ab."

G ←·· N ↺ ↑ ↻ ↺ ?

◯ Kreuzung
↻ nach rechts
↺ nach links
↑ geradeaus
←·· in Richtung

1
a) Zeige den Weg.
b) Bei welchem Buchstaben kommt Fredo an?
c) Welchen Körper sieht Fredo links von sich?

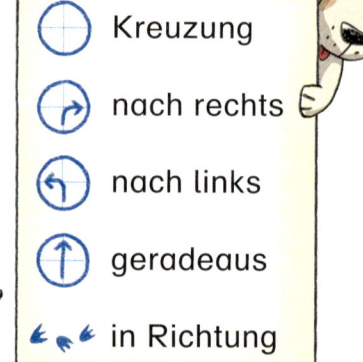

2 Fredo startet bei T. Seine Nase zeigt in Richtung M. Er folgt den Zeichen.

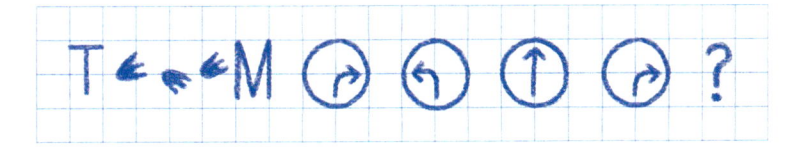

a) Zeige den Weg.
b) Bei welchem Buchstaben kommt Fredo an?
c) Welche Körper sieht Fredo rechts von sich?

3 Fredo startet bei V. Seine Nase zeigt in Richtung W.
An der nächsten Kreuzung geht er geradeaus. Dann biegt er rechts ab.
An der Kreuzung geht er geradeaus und dann biegt er links ab.

a) Zeige den Weg.
b) Bei welchem Buchstaben kommt Fredo an?
c) Welchen Körper sieht Fredo rechts von sich?
d) Aus wie vielen Einzelteilen ist er zusammengesetzt?

Aufgepasst! Wo zeigt meine Nase hin?

4 Fredo startet bei U. Seine Nase zeigt in Richtung N.
Wie kann Fredo zu B gehen?

a) Zeige deinen Weg.
b) Beschreibe den Weg in Worten.
c) Zeichne den Weg.

Fredo startet bei U.
Seine Nase ...

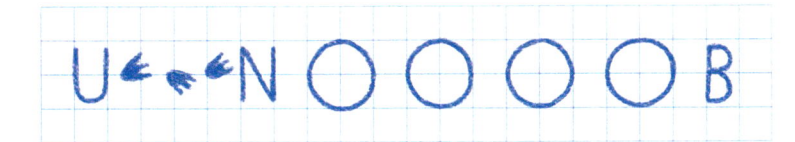

5 Fredo startet bei A. Seine Nase zeigt in Richtung B.
Er kann auf drei verschiedenen, kurzen Wegen zu T gehen.
Zeige und zeichne die drei verschiedenen Wege.

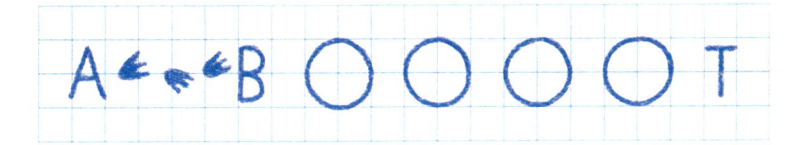

Überlege selbst Wege für Fredo. Zeichne die Wege oder beschreibe sie in Worten. Gib die Zeichnung oder Beschreibung deinem Nachbarn.
Kommt er an der richtigen Stelle an?

Das Einmaleins üben

1·1	1·2	1·3	1·4	1·5	1·6	1·7	1·8	1·9	1·10
2·1	2·2	2·3	2·4	2·5	2·6	2·7	2·8	2·9	2·10
3·1	3·2	3·3	3·4	3·5	3·6	3·7	3·8	3·9	3·10
4·1	4·2	4·3	4·4	4·5	4·6	4·7	4·8	4·9	4·10
5·1	5·2	5·3	5·4	5·5	5·6	5·7	5·8	5·9	5·10
6·1	6·2	6·3	6·4	6·5	6·6	6·7	6·8	6·9	6·10
7·1	7·2	7·3	7·4	7·5	7·6	7·7	7·8	7·9	7·10
8·1	8·2	8·3	8·4	8·5	8·6	8·7	8·8	8·9	8·10
9·1	9·2	9·3	9·4	9·5	9·6	9·7	9·8	9·9	9·10
10·1	10·2	10·3	10·4	10·5	10·6	10·7	10·8	10·9	10·10

Wie viele Malaufgaben sind es?

1 Was fällt dir an der Einmaleinstafel auf? Beschreibe.

2 Rechne diese Kernaufgaben.

a)	b)	c)	d)	e)	f)	g)	h)
2·3	2·4	2·5	2·6	2·7	2·8	2·9	2·10
5·3	5·4	5·5	5·6	5·7	5·8	5·9	5·10

3 Ergebnisse von Quadrataufgaben. Schreibe so: 4 9 = 7 · 7

49	16	1	4	81	9	64	25	36	100

4 Rechne. Markiere dann die Aufgaben, die du noch nicht auswendig kannst.

a) 5·7	b) 5·9	c) 2·8	d) 2·5	e) 7·7	f) 6·6
2·9	2·6	5·4	2·3	3·3	9·9
5·6	2·7	5·3	5·8	8·8	4·4

5 Schreibe die Aufgaben, die du noch nicht auswendig kannst, auf einzelne Kärtchen. Schreibe die Ergebnisse auf die Rückseite. Übe diese Aufgaben täglich.

5 · 7   35

6 Stellt euch gegenseitig Kernaufgaben und Quadrataufgaben. Wie viele Aufgaben kannst du in einer Minute rechnen?

7 Nachbaraufgaben. Rechne zuerst die Kernaufgabe.

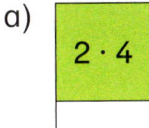

a)

2 · 4	2 · 6	2 · 7	2 · 8	2 · 9
3 · 4	3 · 6			

a) 2 · 4 = 8

    3 · 4 =

b)

9 · 3	9 · 4			
10 · 3	10 · 4	10 · 8	10 · 6	10 · 7

b) 10 · 3 = 30

    9 · 3 =

8 Nachbaraufgaben

a)	b)	c)	d)	e)	f)	g)	h)
4 · 3	4 · 4	4 · 6	4 · 7	4 · 8	6 · 7	7 · 8	8 · 9
5 · 3	5 · 4	5 · 6	5 · 7	5 · 8	7 · 7	8 · 8	9 · 9
6 · 3	6 · 4	6 · 6	6 · 7	6 · 8	8 · 7	9 · 8	10 · 9

9 Schreibe die 30 weißen Aufgaben aus der Einmaleinstafel auf einzelne Kärtchen. Schreibe die Ergebnisse auf die Rückseite. Übe wie Justus jeden Tag 10 Minuten.

Aufgaben, die ich **schon gut rechnen** kann: ☺

Aufgaben, die ich **noch üben** muss: ☹

Ich übe so lange, bis alle Aufgaben im ☺-Umschlag sind.

10 Welche Malaufgaben können es sein? Ihr Ergebnis ist …

a) … um 3 größer als 5 · 3.
b) … um 14 kleiner als 10 · 7.
c) … um 7 kleiner als 5 · 7.
d) … um 12 größer als 5 · 6.

Einmaleinstafel

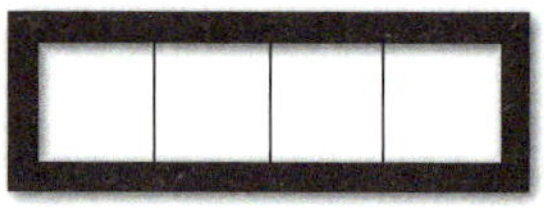

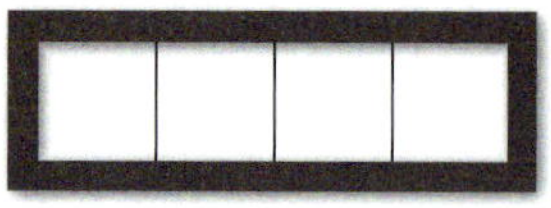

1 Viererpäckchen an der Einmaleinstafel.
Was fällt dir bei den Aufgaben auf?
Wie verändern sich die Ergebnisse?

a) 5 · 3
   5 · 4
   5 · 5
   5 · 6

b) 3 · 6
   3 · 7
   3 · 8
   3 · 9

c) 4 · 3
   4 · 4
   4 · 5
   4 · 6

2 Suche dir andere Viererpäckchen an der Einmaleinstafel.
Die Ergebnisse sollen immer …

a) … um 8 größer werden.
b) … um 6 größer werden.
c) … um 7 größer werden.
d) … um 9 größer werden.

3 Aufgabenpaare an der Einmaleinstafel. Was fällt dir bei den Aufgaben auf?
Wie verändern sich die Ergebnisse?

a) 1 · 8
   2 · 9

b) 2 · 7
   3 · 8

c) 3 · 6
   4 · 7

d) 4 · 5
   5 · 6

e) 5 · 4
   6 · 5

f) 6 · 3
   7 · 4

g) 7 · 2
   8 · 3

h) 8 · 1
   9 · 2

4 Aufgabenpaare an der Einmaleinstafel. Was fällt dir bei den Aufgaben auf?
Wie verändern sich die Ergebnisse?

a) 1 · 4
   2 · 3

b) 2 · 5
   3 · 4

c) 3 · 6
   4 · 5

d) 4 · 7
   5 · 6

e) 5 · 8
   6 · 7

f) 6 · 9
   7 · 8

g) 7 · 10
   8 · 9

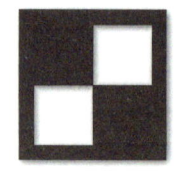

5 Zauberkreuze an der Einmaleinstafel

a) 5·8 5·9
   6·8 6·9

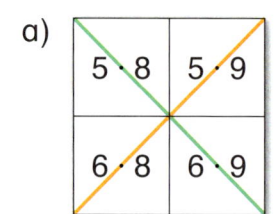

b) 3·8 3·9
   4·8 4·9

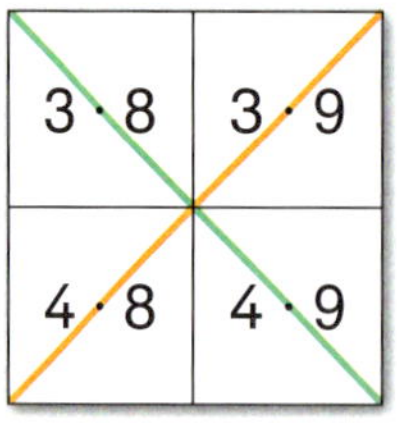

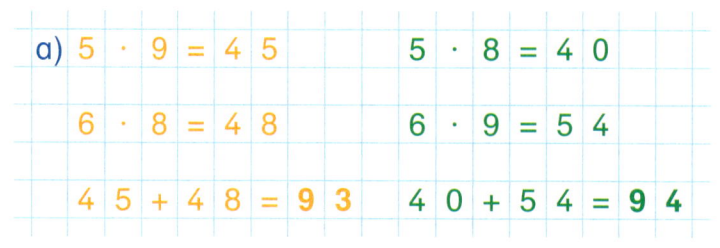

a) 5 · 9 = 4 5   5 · 8 = 4 0
   6 · 8 = 4 8   6 · 9 = 5 4
   4 5 + 4 8 = 9 3   4 0 + 5 4 = 9 4

c) 6·7 6·8
   7·7 7·8

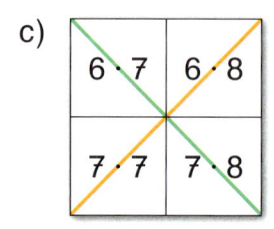

d) ___ 7·4
   8·3 ___

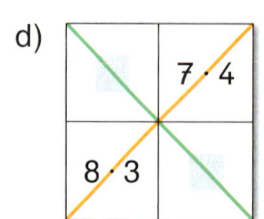

e) (leer)

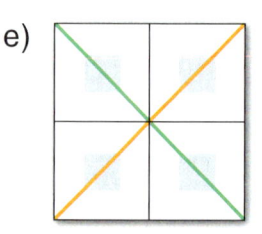

f) (leer)

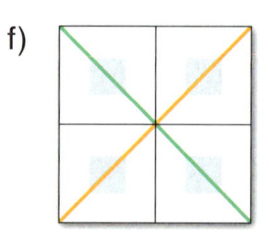

Was fällt dir bei den Ergebnissen der beiden Plusaufgaben im Zauberkreuz auf?

Einmaleinsspiele

AH S. 9

Mister X

6 · 6 = 36

„Ich bin Mister X. Ich denke mir eine Malaufgabe."

„Ist es 7 · 6 = 42?"

„Das Ergebnis ist zu groß."

„Ist es 8 · 4 = 32?"

„… zu klein."

„Ist es 7 · 5 = 35?"

„… zu klein."

„Ist es 9 · 4 = 36?"

„Das Ergebnis ist gleich, aber meine Aufgabe ist eine andere."

„Dann ist es entweder 4 · 9 = 36 oder 6 · 6 = 36."

zu klein
32
35

zu groß
42

gleich
36

Finde Malaufgaben, …
a) … deren Ergebnisse größer als 9 · 6 sind.
b) … deren Ergebnisse kleiner als 9 · 6 sind.

a) 8 · 8 > 9 · 6
b) 7 · 5 < 9 · 6

Glücksschweinchen

2 Spieler, 2 Würfel mit den Zahlen 0 – 9

▶ Jeder Spieler würfelt mit zwei Würfeln und rechnet die Malaufgabe.
▶ Wer das größere Ergebnis hat, malt einen Teil des Schweinchens.
▶ Wer als erster sein Glücksschwein vollständig hat, gewinnt.

19

Malnehmen ...

AH S. 10, 11

Ich rechne zuerst die Umkehraufgabe.

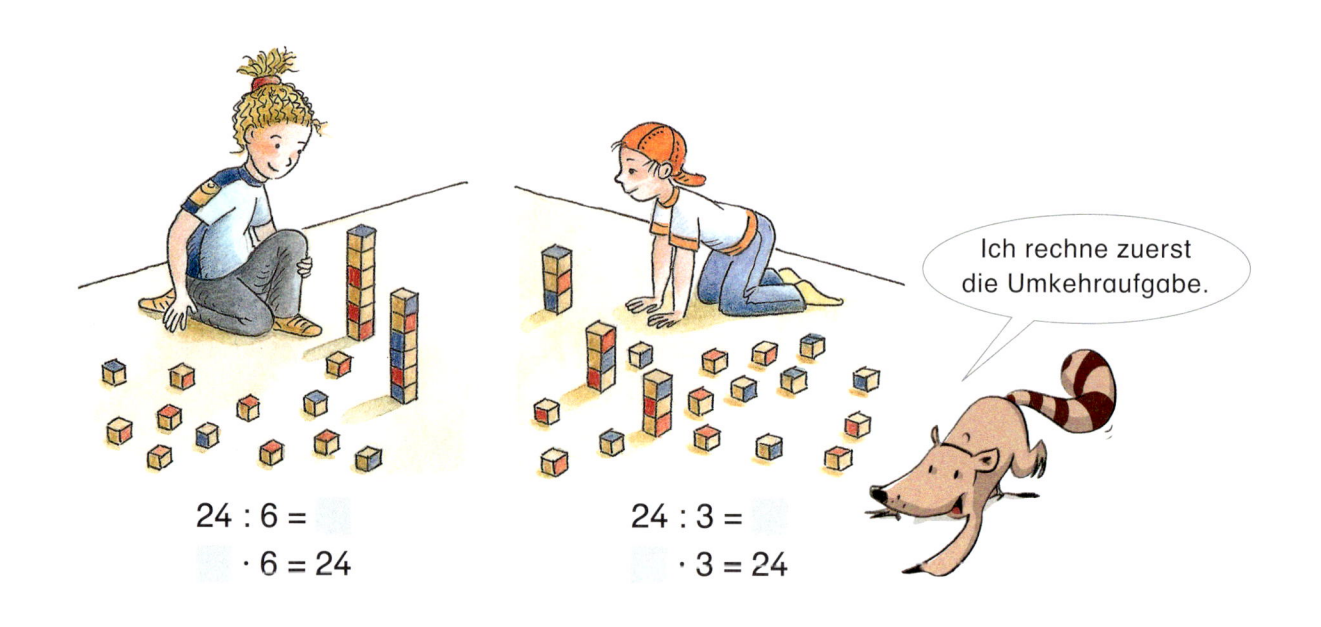

24 : 6 =
☐ · 6 = 24

24 : 3 =
☐ · 3 = 24

1 Baue 4er-Türme. Schreibe und rechne Aufgabe und Umkehraufgabe.
a) mit 24 Würfeln b) mit 16 Würfeln c) mit 28 Würfeln

2 Aufgabe und Umkehraufgabe. Entscheide selbst, welche Aufgabe du zuerst rechnest.

a) 36 : 4 =
 ☐ · 4 = 36

b) 12 : 2 =
 ☐ · 2 = 12

c) 45 : 9 =
 ☐ · 9 = 45

d) 32 : 8 =
 ☐ · 8 = 32

e) 14 : 7 =
 ☐ · 7 = 14

f) 56 : 7 =
 ☐ · 7 = 56

g) 18 : 3 =
 ☐ · 3 = 18

h) 54 : 6 =
 ☐ · 6 = 54

i) 25 : 5 =
 ☐ · 5 = 25

j) 48 : 6 =
 ☐ · 6 = 48

3 Rechne.

a) 9 : 3
12 : 4
15 : 5
18 : 6

b) 14 : 7
18 : 6
20 : 5
20 : 4

c) 81 : 9
64 : 8
49 : 7
36 : 6

d) 8 : 4
20 : 5
36 : 6
56 : 7

Besondere Ergebnisse!

4 Finde zu jedem Päckchen von Nr. 3 eine weitere Aufgabe.

5 Teile diese Zahlen. Das Ergebnis soll ...

36 72 45 27
9 63 90

a) ... gleich 9 sein.
b) ... größer als 3 sein.
c) ... möglichst groß sein.

a) 36 : ☐ = 9
 72 : ☐ = 9

Finde viele Geteiltaufgaben zu diesen Zahlen. 48 24 36 60
Schreibe sie auf und rechne.

... und teilen

Wie viele 5er-Türme kann ich bauen?

24 : 5 =

24 : 5 = 4 R 4
20 : 5 = 4

6 Baue aus 24 Würfeln ...
   a) ... 7er-Türme.
   b) ... 9er-Türme.
   c) ... 10er-Türme.

   a) 2 4 : 7 =   R

   Schreibe die Aufgaben auf.

7 Rechne. Was fällt dir auf?

a) 20 : 4	b) 21 : 3	c) 40 : 8
21 : 4	22 : 3	42 : 8
22 : 4	23 : 3	44 : 8
23 : 4	24 : 3	46 : 8
24 : 4	25 : 3	48 : 8
25 : 4	26 : 3	50 : 8

8 Rechne so:

a) 3 2 : 5 =   R
    3 0 : 5 =

a) 32 : 5	b) 62 : 9	c) 44 : 6
26 : 7	51 : 8	32 : 9
43 : 5	21 : 6	34 : 7
62 : 6	19 : 8	74 : 9
57 : 6	94 : 9	31 : 4
45 : 7	66 : 8	48 : 9

📕 Finde Geteiltaufgaben mit dem Rest 2.

9 Finde zu jeder Zahl eine Geteiltaufgabe. Das Ergebnis soll ...

   7   42   17   56
   38   30   20

   a) ... mit Rest 2 sein.
   b) ... mit möglichst großem Rest sein.

10 Was passiert mit dem Rest?

   a)
   b) 17 Kinder warten an der Geisterbahn. In einem Wagen können sechs Personen fahren.
   c) Im Sportunterricht sollen 25 Kinder vier Mannschaften bilden.

Teilen üben

AH S. 12

1 Löse die Zahlenrätsel.

Ich denke mir eine Zahl. Wenn ich sie durch 7 teile, erhalte ich 4.

Ich teile die Zahl 42 und erhalte 6.

2 Schreibe Aufgabe und Umkehraufgabe. Rechne.

a) ☐ : 4 = 6   b) ☐ : 7 = 6   c) ☐ : 8 = 9   d) ☐ : 7 = 7
   6 · 4 =   6 · 7 =   9 · 8 =   7 · 7 =

3 Rechne.

a) ☐ : 8 = 7   b) 25 : ☐ = 5   c) 18 : ☐ = 3   d) ☐ : 7 = 4
   ☐ : 7 = 9   27 : ☐ = 3   ☐ : 9 = 4   54 : ☐ = 9

4 Teilen mit Köpfchen.
Löse die Aufgaben und erkläre. Finde selbst ein weiteres Aufgabenpaar.

a) 20 : 2   32 : 4   24 : 3   40 : 4   12 : 2   ☐ : ☐
   20 : 4   32 : 8   24 : 6   40 : 8   12 : 4   ☐ : ☐

b) 25 : 5   12 : 3   21 : 7   18 : 6   32 : 8   ☐ : ☐
   50 : 5   24 : 3   42 : 7   36 : 6   64 : 8   ☐ : ☐

c) 54 : 6   36 : 4   48 : 6   56 : 8   90 : 10   ☐ : ☐
   27 : 3   18 : 2   24 : 3   28 : 4   45 : 5   ☐ : ☐

5 Setze ein: >, <, =. Musst du überall rechnen? Erkläre.

a) 12 : 3 ◯ 12 : 6   b) 32 : 4 ◯ 32 : 8   c) 18 : 3 ◯ 36 : 6

d) 24 : 8 ◯ 40 : 8   e) 30 : 6 ◯ 60 : 10   f) 100 : 10 ◯ 50 : 5

6 Richtig oder falsch? Finde es heraus.

a) Wenn du die Zahlen von 10 bis 20 durch 6 teilst, bleibt nur einmal der Rest 5.
b) Es gibt mehr als fünf Geteiltaufgaben mit dem Ergebnis 1 R 1.
c) Wenn du durch 2 teilst, bleibt bei manchen Aufgaben der Rest 3.

7 Zahlen auf der Spur

a) 👣 Du kannst die Zahl durch 3 teilen. 👣 Du kannst die Zahl durch 4 teilen. 👣 Sie ist größer als 10 und kleiner als 20.

b) 👣 Die Zahl ist größer als 20, aber kleiner als 30. 👣 Die Zahl ist gerade. 👣 Du kannst die Zahl durch 3 teilen.

8 Zahlen auf der Spur

a) 👣 Du kannst die Zahl durch 7 teilen. 👣 Sie hat doppelt so viele Zehner wie Einer.

b) 👣 Du kannst die Zahl durch 3 teilen. 👣 Du kannst die Zahl durch 6 teilen. 👣 Die Zahl liegt zwischen 30 und 40.

9 Mal-Geteilt-Rechenketten auf der Hundertertafel

Jette rechnet Mal- und Geteiltaufgaben. Das Ergebnis wird abgedeckt, ist aber Startzahl für die nächste Aufgabe. Danach darf diese Zahl nicht mehr verwendet werden.

Jette wählt die Startzahl 24 und deckt sie ab.

1	2	3	4	5	6	7	8	9	10
11	12	13	14	15	16	17	18	19	20
21	22	23	24	25	26	27	28	29	30
31	32	33	34	35	36	37	38	39	40
41	42	43	44	45	46	47	48	49	50
51	52	53	54	55	56	57	58	59	60
61	62	63	64	65	66	67	68	69	70
71	72	73	74	75	76	77	78	79	80
81	82	83	84	85	86	87	88	89	90
91	92	93	94	95	96	97	98	99	100

24 : 6 = 4
Ich decke die 4 ab.
Mit 4 rechne ich weiter.
4 · 9 = 36
Jetzt decke ich die 36 ab und schreibe die Rechnung auf.

24 : 6 = 4
4 · 9 = 36
36 : 2 = 18

a) Finde fünf Rechenketten. Schreibe sie wie Jette auf. Welche ist die längste?

b) Spiele nun mit deinem Partner. Schreibt eure Rechenkette auf. Wer die letzte Zahl abdecken kann, gewinnt.

10 Mal-Geteilt-Rechenketten auf der Hundertafel

Die Felder 3, 5, 9, 18, 30 und 36 sind abgedeckt.
Wie hat die Rechenkette ausgesehen? Schreibe sie auf.

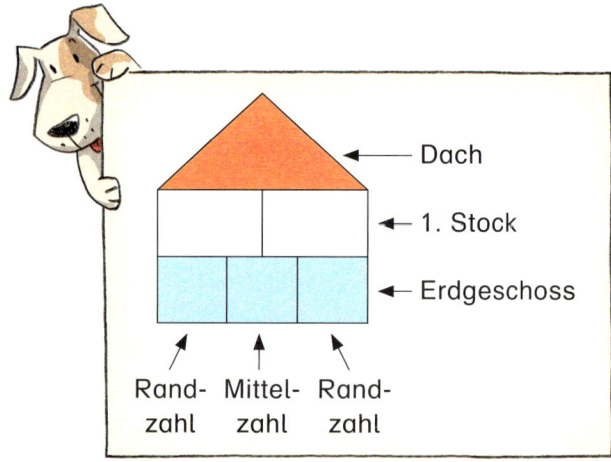

Mal-Plus-Häuser 1

AH S. 13, 14

"Und wie kann ich mit diesen Steinen ein Mal-Plus-Haus bauen?"

"Erst mal, dann plus."

Dach
1. Stock
Erdgeschoss

Rand-zahl   Mittel-zahl   Rand-zahl

1 Wie muss Jette die Steine aufbauen? Habt ihr alle die gleiche Lösung?

2 Rechne.

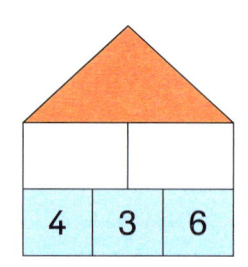

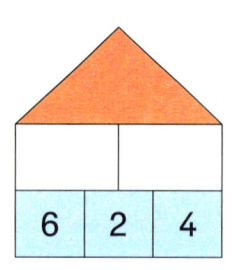

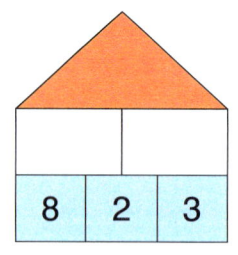

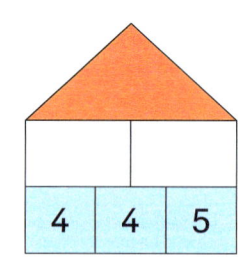

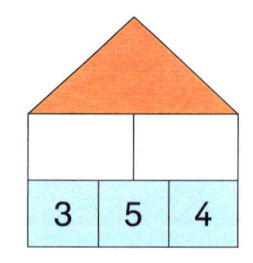

| 4 | 3 | 6 | | 6 | 2 | 4 | | 8 | 2 | 3 | | 4 | 4 | 5 | | 3 | 5 | 4 |

3 Rechne.

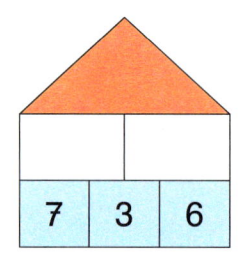

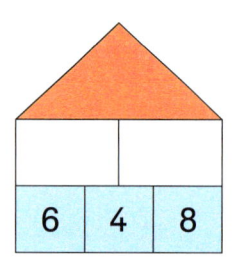

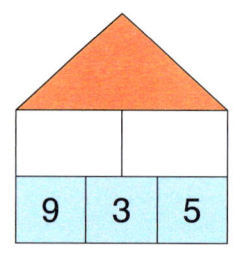

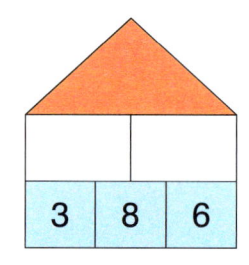

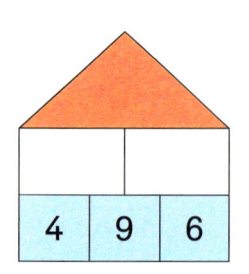

| 7 | 3 | 6 | | 6 | 4 | 8 | | 9 | 3 | 5 | | 3 | 8 | 6 | | 4 | 9 | 6 |

Erfinde eigene Mal-Plus-Häuser.

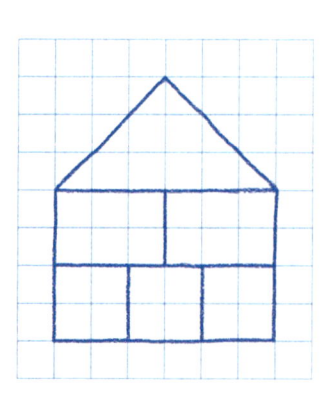

4 Wo gehören diese Zahlen hin? Trage sie in ein Mal-Plus-Haus ein.

a) 4 9 2
   54 18 36

b) 7 90 6
   48 42 8

5 Rechne.

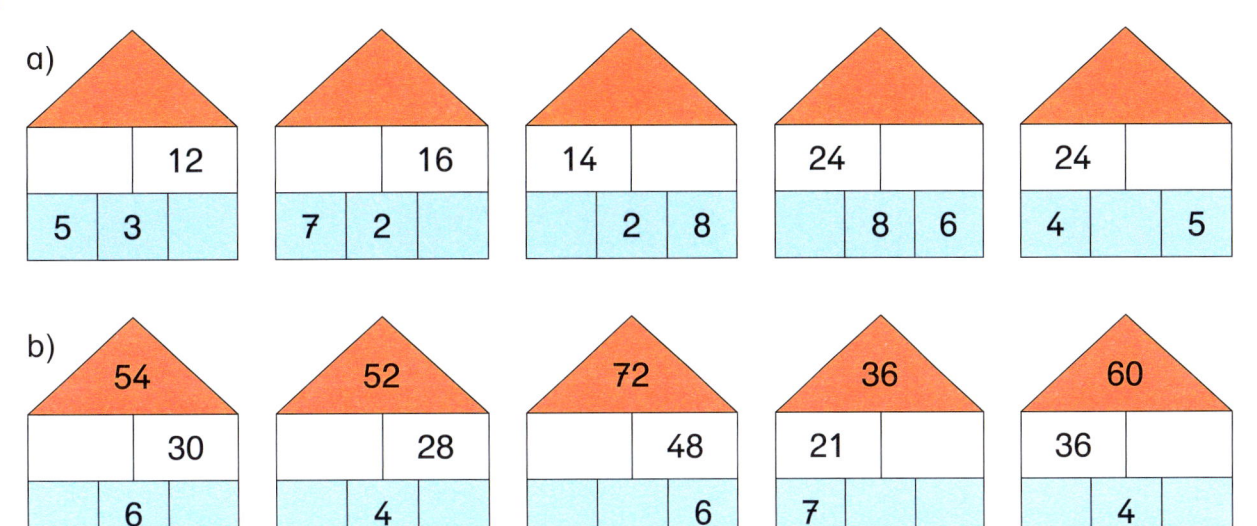

a)
Dach		12	16	14	24	24
Rand		5 3	7 2	2 8	8 6	4 5

b)
Dach	54	52	72	36	60
Mitte	30	28	48	21	36
Rand	6	4	6	7	4

6 Was passiert mit der **Dachzahl**, wenn die **linke Randzahl** um 1 größer wird?

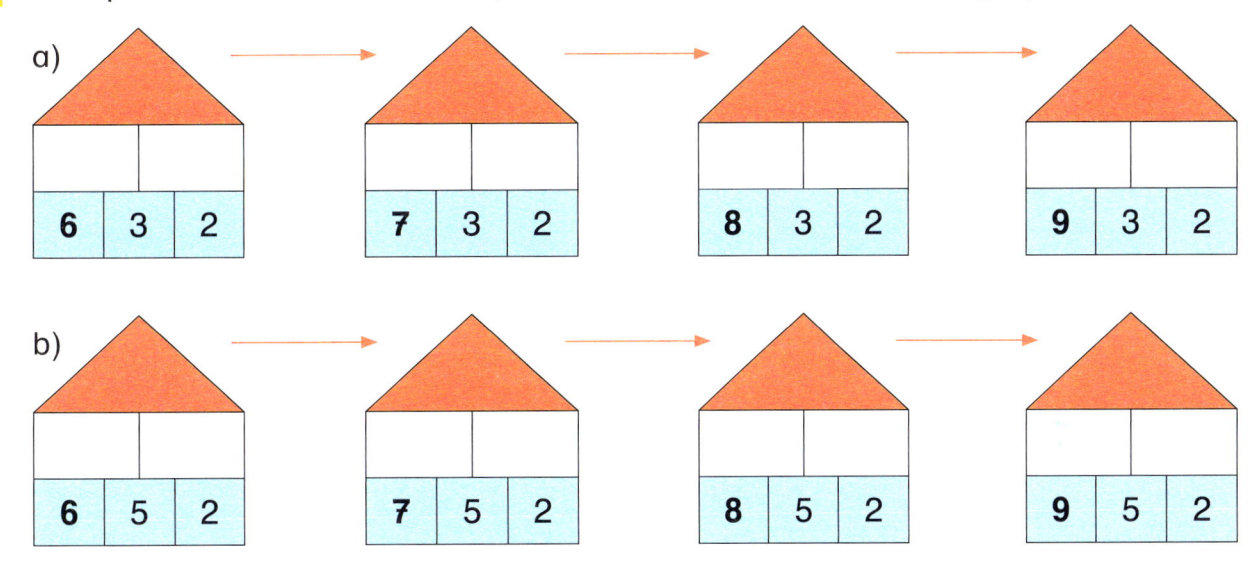

a) 6 3 2 → 7 3 2 → 8 3 2 → 9 3 2

b) 6 5 2 → 7 5 2 → 8 5 2 → 9 5 2

7 Wie heißen die fehlenden Zahlen? Probiere aus.

Dach: 35, Rand: 15 20
Dach: 72, Rand: 27 45
Dach: 49, Rand: 14 35

8 Wie heißen die fehlenden Zahlen? Finde 3 Möglichkeiten.

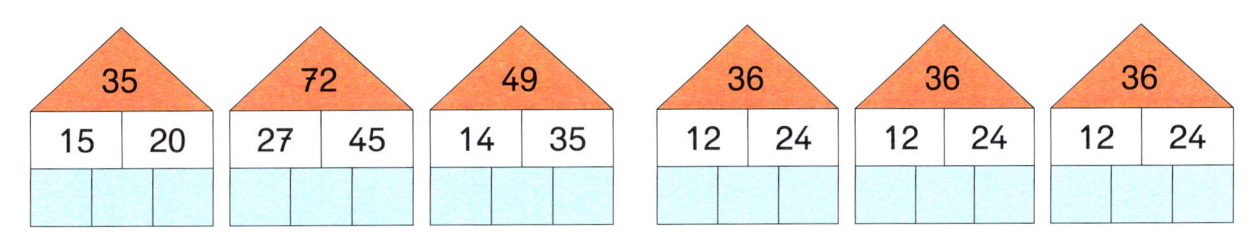

Dach: 36, Rand: 12 24
Dach: 36, Rand: 12 24
Dach: 36, Rand: 12 24

9 Finde ein Haus.
Dachzahl: 25
Mittelzahl: 5

10 Finde mehrere Häuser.
Dachzahl: 36
Mittelzahl: 4

11 Finde 8 Häuser.
Dachzahl: 81
Mittelzahl: 9

Schätzen und zählen

"Ich glaube, es sind 150."

"Ich schätze, es sind 400."

"Es sind ungefähr 220."

Die Kinder haben die Würfel so gelegt, dass man sie schnell zählen kann.

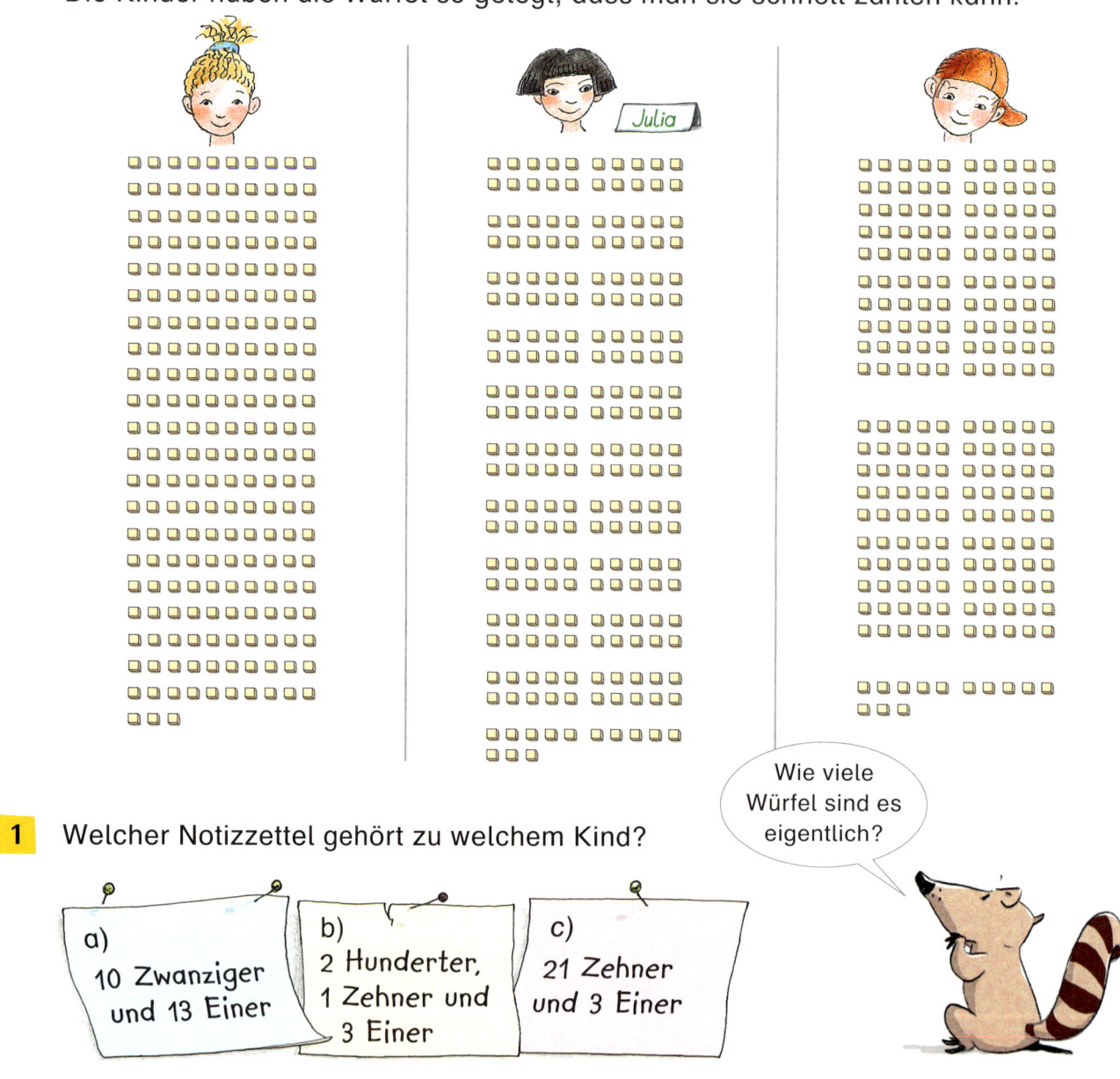

Julia

Wie viele Würfel sind es eigentlich?

1 Welcher Notizzettel gehört zu welchem Kind?

a) 10 Zwanziger und 13 Einer

b) 2 Hunderter, 1 Zehner und 3 Einer

c) 21 Zehner und 3 Einer

2 a) Bei welchem Kind kannst du die Anzahl am schnellsten feststellen? Warum?
b) Bei welchem Notizzettel kannst du die Anzahl am schnellsten feststellen? Warum?

Hunderter - Zehner - Einer

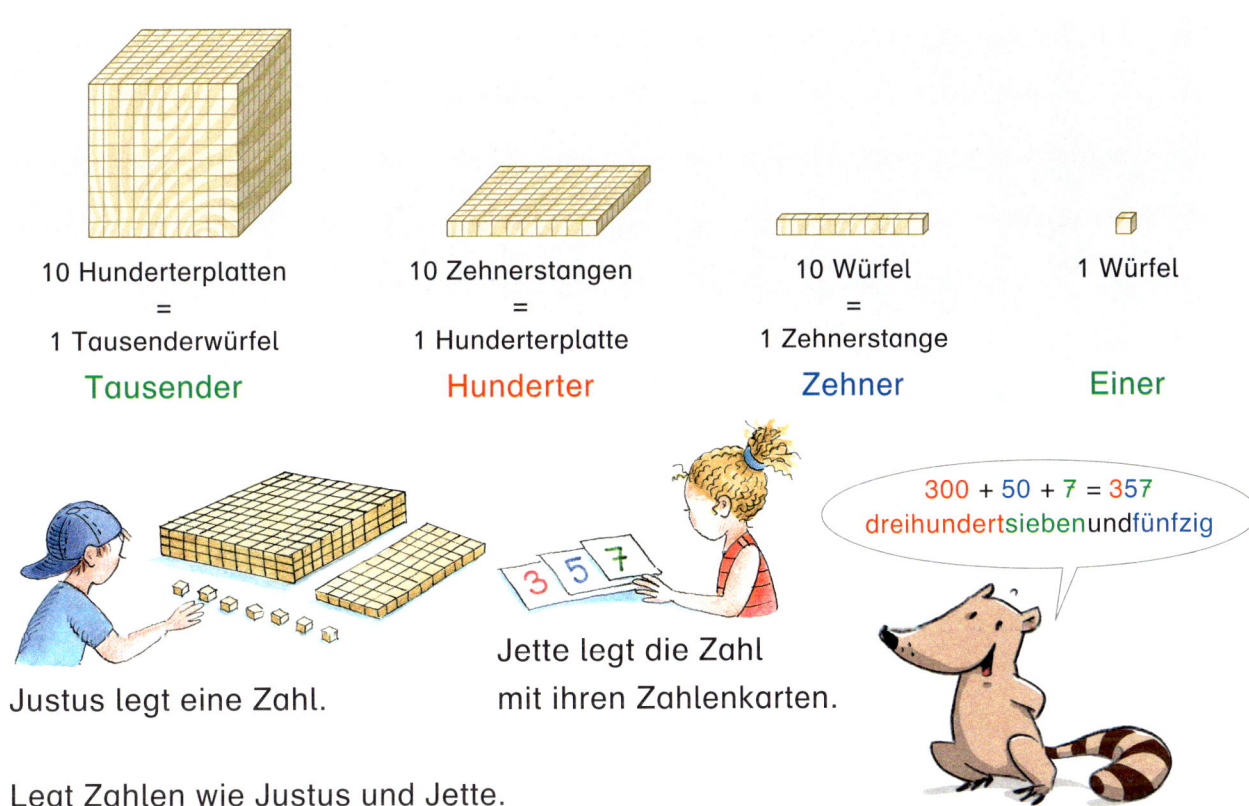

AH S. 16

10 Hunderterplatten	10 Zehnerstangen	10 Würfel	1 Würfel
=	=	=	
1 Tausenderwürfel	1 Hunderterplatte	1 Zehnerstange	
Tausender	**Hunderter**	**Zehner**	**Einer**

300 + 50 + 7 = 357
dreihundertsiebenundfünfzig

Justus legt eine Zahl.

Jette legt die Zahl mit ihren Zahlenkarten.

1 Legt Zahlen wie Justus und Jette.

2 Lege die Zahlen mit deinen Zahlenkarten. Schreibe sie ins Heft.

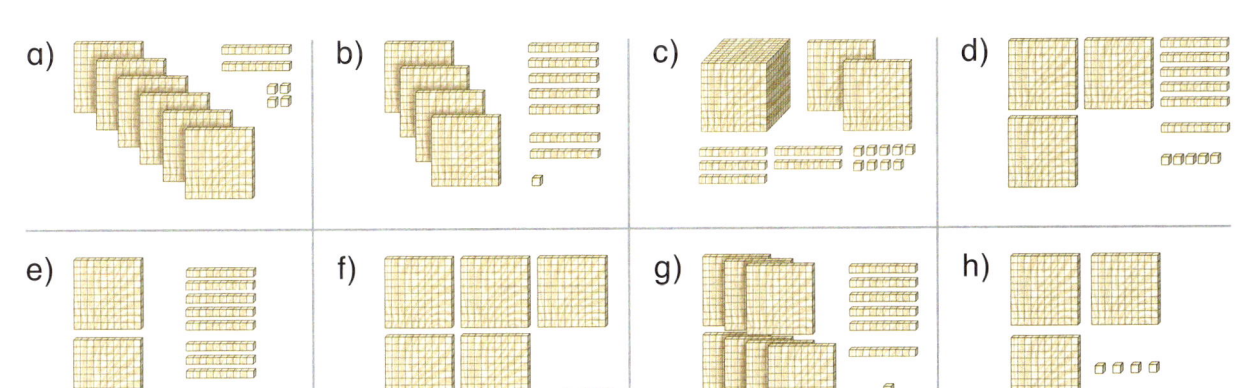

a) 6 0 0 + 2 0 + 4 = 6 2 4

a) b) c) d)
e) f) g) h)

3 Lege die Zahlen mit deinen Karten und schreibe auf.

a) sechshundertneunundachtzig
b) fünfhundertdreiundvierzig
c) siebenhundertsieben
d) vierhundertvierundvierzig
e) neunhundertzehn
f) fünfhundertdreizehn

4 Lege die Zahlen mit deinen Karten und schreibe auf.

a) neunhundertfünfundsiebzig
b) dreihundertsechsunddreißig
c) zweihundertacht
d) sechshundertsechsundsechzig
e) dreihundertfünfzig
f) achthundertsechs

Große Zahlen

AH S. 17

"Fertig! Diese Karte gehört mir."

"Ich mache meine eigenen Karten."

1 Spielt das Spiel „Blitzlegen".

2 Welche Zahlen sind das?

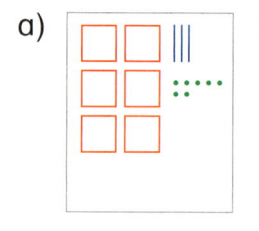

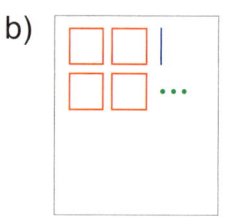

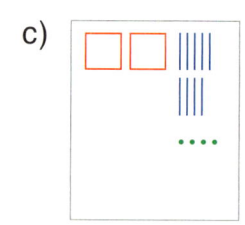

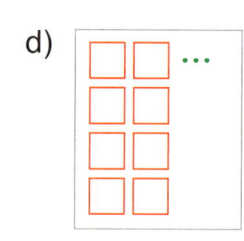

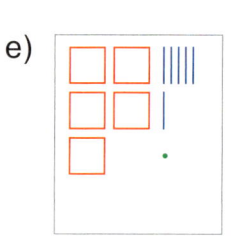

a) b) c) d) e)

3 Welche Zahlen sind das?

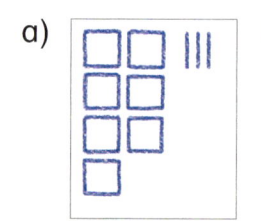

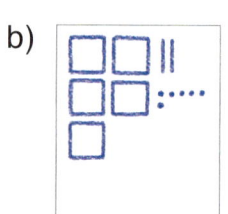

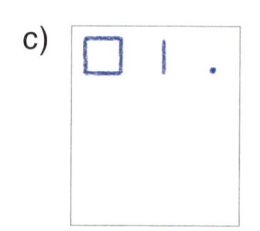

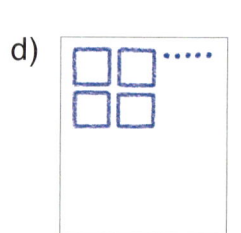

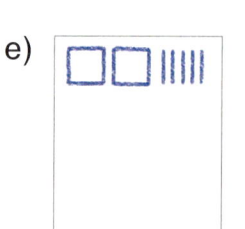

a) b) c) d) e)

4 Stelle die Zahlen dar.

a) 326   b) 769   c) 815
d) 906   e) 270   f) 402

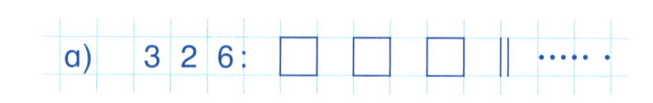

a) 3 2 6:

5 Lege dreistellige Zahlen mit diesen Karten und schreibe sie auf.
Wie viele verschiedene Zahlen findest du?

400   30   200   10   2   50   6
9   900

28

Stellenwerte

AH S. 17

Es sind 8 Hunderter, 2 Zehner und 4 Einer.

T	H	Z	E
	8	2	4

1 Notiere die Zahlen in eine Stellenwerttafel.

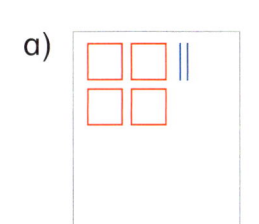

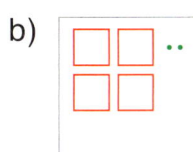

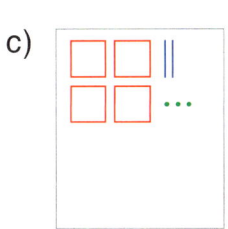

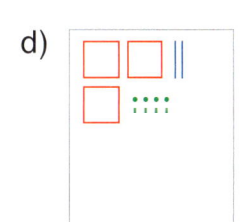

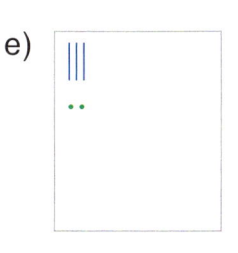

a) b) c) d) e)

2 Notiere die Zahlen in eine Stellenwerttafel.

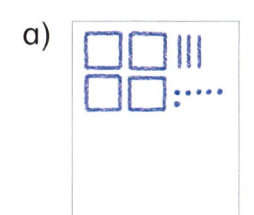

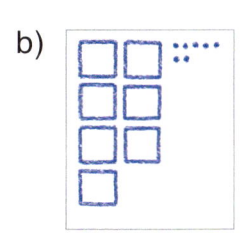

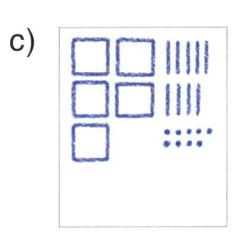

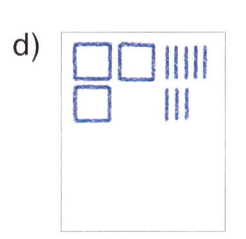

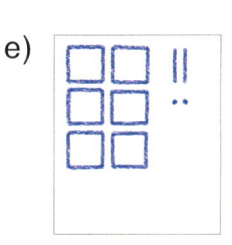

a) b) c) d) e)

3 Lege mit den Zahlenkarten. `1 0 0` `4 0` `5`

Schreibe so ins Heft: a) 1 H + 4 Z + 5 E = 1 0 0 + 4 0 + 5 = 1 4 5

a) 1 H 4 Z 5 E
b) 5 H 8 Z 7 E
c) 5 H 1 Z
d) 9 E 7 H
e) 4 Z 9 E 1 H
f) 8 H 2 Z 7 E
g) 3 H 7 Z 5 E
h) 6 H 4 Z
i) 2 E 4 H
j) 3 Z 5 H 1 E

4 Jette und Justus spielen das Spiel „Hohe Hausnummern". Erkläre.

Juhu, ich habe gewonnen!

Das Tausenderfeld

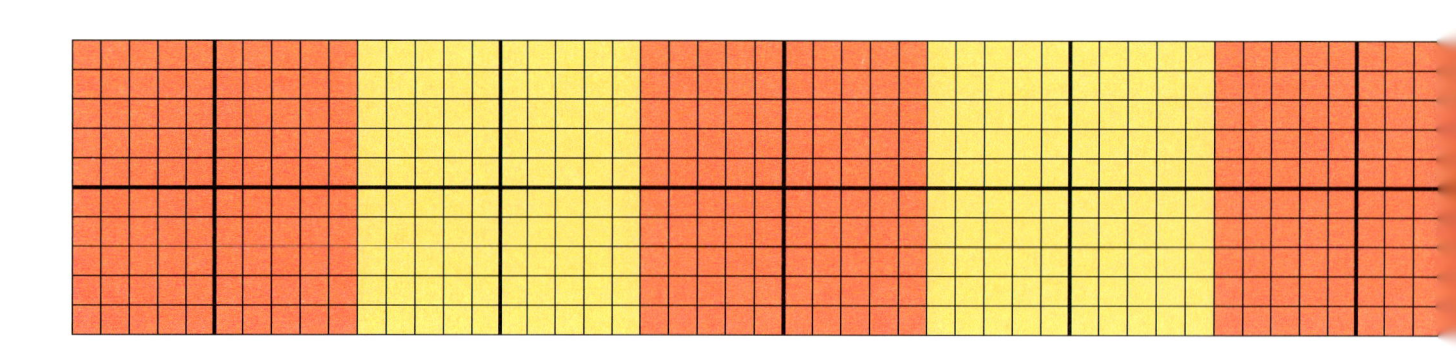

1 Zeige am Tausenderfeld.

a) 200, 700, 400, 800, 500
b) 3, 73, 370, 733, 377
c) 50, 250, 550, 950, 650
d) 162, 261, 612, 621, 126

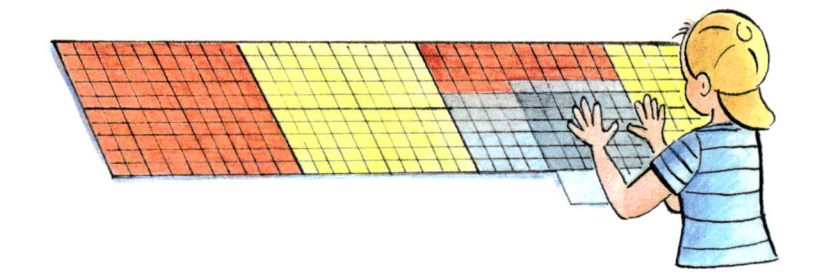

2 Wie viele Hunderter, Zehner und Einer sind es?

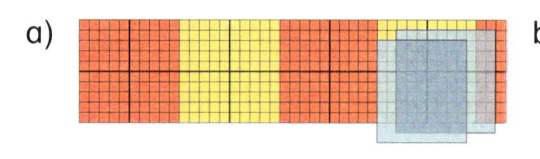

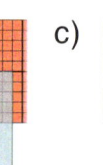

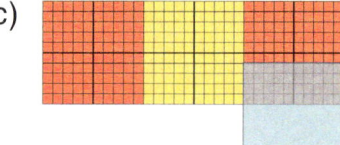

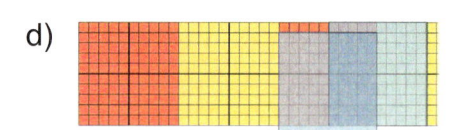

a)
b)
c)
d)

a) 3 H + 1 Z + 2 E = 3 1 2

   3 0 0 + 1 0 + 2 = 3 1 2

3 Zerlege die Zahlen in Hunderter, Zehner und Einer.

a) 327, 613, 748, 974
b) 484, 404, 480, 808

a) 3 2 7 = 3 H + 2 Z + 7 E

   3 2 7 = 3 0 0 + 2 0 + 7

4 Wie heißt die Zahl?

a) 500 + 30 + 7
500 + 70 + 3
500 + 30
500 + 70
500 + 7
500 + 3

b) 600 + 40 + 8
600 + 80 + 4
600 + 40
600 + 80
600 + 4
600 + 8

c) 70 + 900 + 5
900 + 7 + 50
50 + 900
7 + 900
70 + 900
900 + 5

d) 3 + 400
80 + 3 + 400
8 + 30 + 400
30 + 400
400 + 8
80 + 400

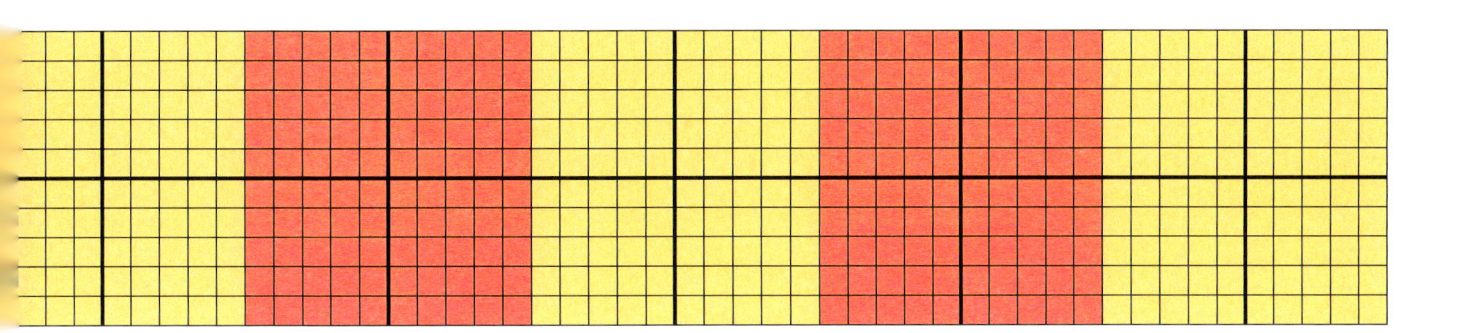

5 Rechne.

a) 250 + 50 + 500
670 + 30 + 300
410 + 90 + 400

b) 260 + 40 + 100
190 + 10 + 400
530 + 70 + 300

c) 360 + 40 + 200
150 + 50 + 500
420 + 80 + 300

d) 580 + 20 + 100
370 + 30 + 200
110 + 90 + 700

6 Immer 1000

a) 700 +
500 +
200 +

b) 850 +
450 +
150 +

c) 610 +
270 +
340 +

d) 925 +
968 +
951 +

7 Entdeckerpäckchen. Setze fort.

a) 150 +   = 1000
250 +   = 1000
350 +   = 1000
   +   = 1000

b) 330 +   = 1000
340 +   = 1000
350 +   = 1000
   +   = 1000

c) 580 +   = 1000
570 +   = 1000
560 +   = 1000
   +   = 1000

Finde selbst solche Päckchen und schreibe sie auf.

8 Rechne.

a) 1000 − 200 − 50
b) 800 − 300 − 70
c) 600 − 100 − 30
d) 200 − 100 − 90

e) 1000 − 700 − 40
f) 700 − 400 − 20
g) 400 − 200 − 80
h) 900 − 600 − 60

9 Entdeckerpäckchen. Setze fort.

a) 101 +   = 1000
106 +   = 1000
111 +   = 1000
   +   = 1000

b) 735 +   = 1000
740 +   = 1000
745 +   = 1000
   +   = 1000

c) 888 +   = 1000
868 +   = 1000
848 +   = 1000
   +   = 1000

Das Tausender-Leporello

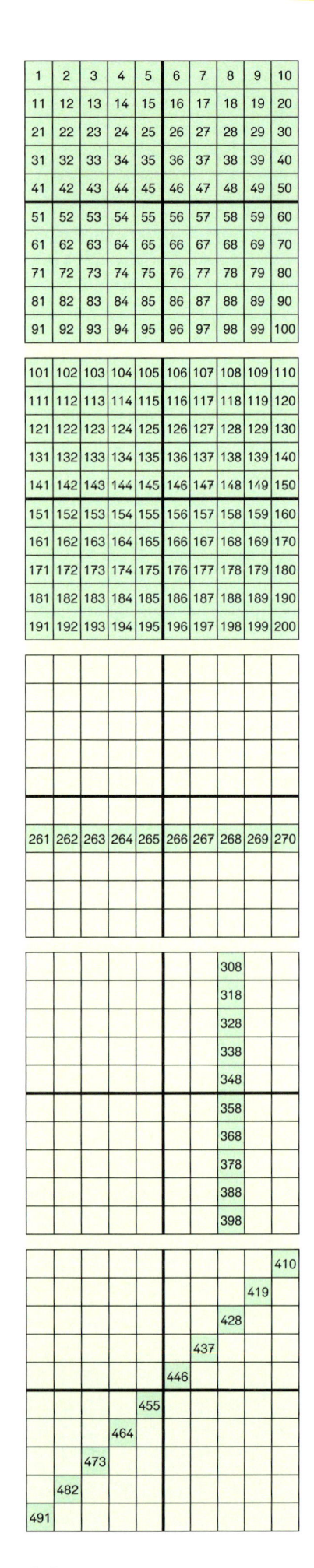

AH S. 19

1	2	3	4	5	6	7	8	9	10
11	12	13	14	15	16	17	18	19	20
21	22	23	24	25	26	27	28	29	30
31	32	33	34	35	36	37	38	39	40
41	42	43	44	45	46	47	48	49	50
51	52	53	54	55	56	57	58	59	60
61	62	63	64	65	66	67	68	69	70
71	72	73	74	75	76	77	78	79	80
81	82	83	84	85	86	87	88	89	90
91	92	93	94	95	96	97	98	99	100

101	102	103	104	105	106	107	108	109	110
111	112	113	114	115	116	117	118	119	120
121	122	123	124	125	126	127	128	129	130
131	132	133	134	135	136	137	138	139	140
141	142	143	144	145	146	147	148	149	150
151	152	153	154	155	156	157	158	159	160
161	162	163	164	165	166	167	168	169	170
171	172	173	174	175	176	177	178	179	180
181	182	183	184	185	186	187	188	189	190
191	192	193	194	195	196	197	198	199	200

(leeres Feld)

| 261 | 262 | 263 | 264 | 265 | 266 | 267 | 268 | 269 | 270 |

							308		
							318		
							328		
							338		
							348		
							358		
							368		
							378		
							388		
							398		

									410
								419	
							428		
						437			
					446				
				455					
			464						
		473							
	482								
491									

1 Erforsche das Tausender-Leporello. Was stellst du fest?

2 Suche folgende Zahlen: 44, 144, 244, 344, 444
Schreibe die richtigen Sätze auf.

Die Zahlen stehen in der 4. Spalte.

Die Zahlen werden immer um 100 größer.

Alle Zahlen haben 4 Zehner und 4 Einer.

Die Zahlen werden immer um 10 größer.

Die Zahlen stehen immer in der 4. Zeile.

3 Finde zu jedem Satz sieben passende Zahlen.
Schreibe sie auf.

a) Die Zahlen stehen in der 7. Spalte
b) Die Zahlen werden immer um 100 größer.
c) Bei diesen Zahlen steht an der Hunderterstelle und an der Zehnerstelle die Ziffer 2.
d) Bei diesen Zahlen steht an der Hunderterstelle und an der Einerstelle die Ziffer 6.
e) Bei diesen Zahlen steht an der Hunderterstelle, Zehnerstelle und Einerstelle die gleiche Ziffer.

Vergleiche mit deinem Partner. Sind eure Zahlen gleich?

4 Wie viele Zahlen gibt es, …

a) … die die Ziffer 9 an der Einerstelle haben?
b) … die ungerade sind?
c) … bei denen an der Hunderterstelle und der Einerstelle die gleiche Ziffer steht?
z. B. 101, 111, 121, …

Mal überlegen, vielleicht geht es auch ohne zu zählen.

5 Muster im Leporello. Schreibe die Zahlen auf.

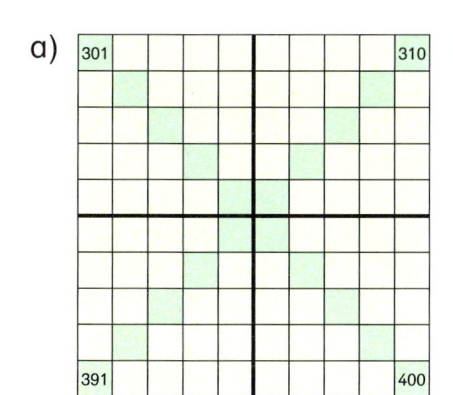

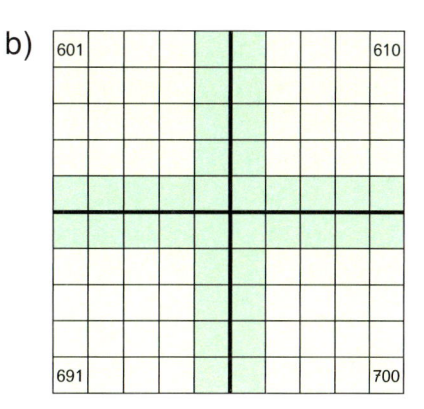

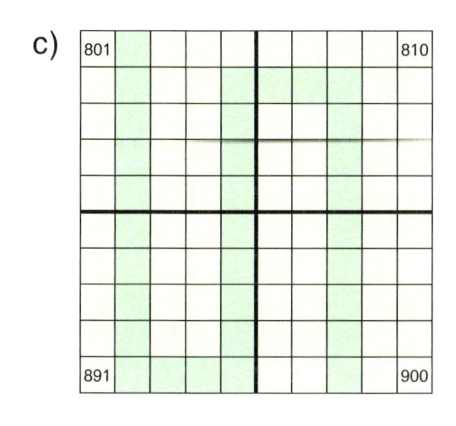

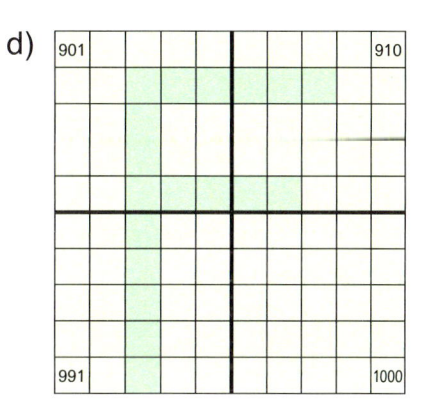

a) 301 ... 310 / 391 ... 400
b) 601 ... 610 / 691 ... 700
c) 801 ... 810 / 891 ... 900
d) 901 ... 910 / 991 ... 1000

6 Von der Startzahl immer vier Kästchen weiter ...

a) ... nach rechts: 613, 874, 351, 755, 912
b) ... nach links: 546, 688, 255, 967, 399
c) ... nach oben: 213, 744, 331, 1000, 428
d) ... nach unten: 296, 858, 487, 624, 771

a) 6 1 3 ... 6 1 7

7 Zahlenrätsel

a) Meine Zahl liegt im 5. H-Feld in der 3. Zeile und 6. Spalte.
b) Meine Zahl ist die vorletzte Zahl im 7. H-Feld.
c) Meine Zahl liegt in der 4. Spalte und 8. Zeile des 9. H-Feldes.
d) Wie heißen die Zahlen?
Die Ziffer an der Zehnerstelle ist doppelt so groß wie die Ziffer an der Einerstelle **und** die Ziffer an der Hunderterstelle ist doppelt so groß wie die Ziffer an der Zehnerstelle.

Zahlenstrahl und Rechenstrich

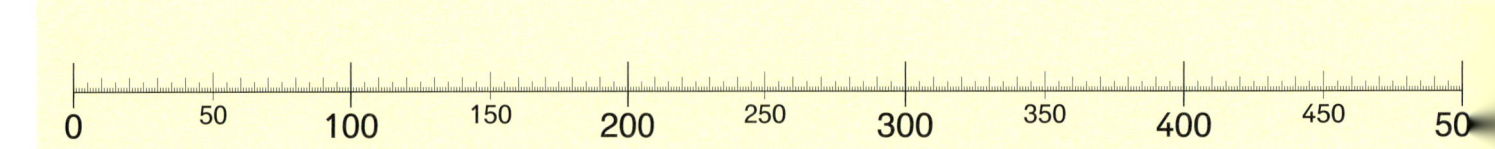

AH S. 20

```
0   50   100   150   200   250   300   350   400   450   50
```

1 Beschreibe den Zahlenstrahl. Was bedeutet ein Strich? Vergleiche ihn mit dem Zahlenstrahl von 0 bis 100.

2

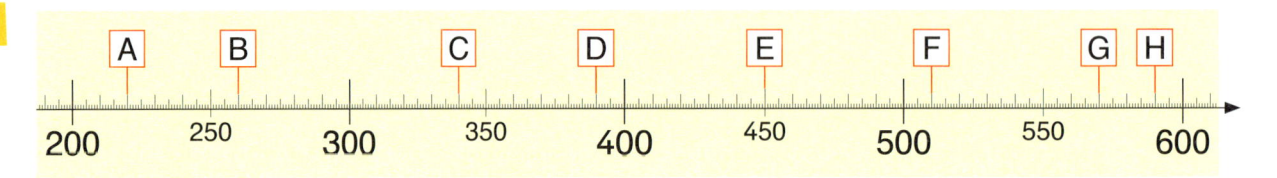

```
A   B         C      D      E      F      G H
200   250   300   350   400   450   500   550   600
```

a) Welche Zahlen sind es? Schreibe so: A: 2 2 0

b) Zwischen welchen Nachbarhundertern liegen sie?
Kreise den Hunderter ein, der näher
an der Zahl liegt.

A: (2 0 0,) 2 2 0, 3 0 0

3 Zwischen welchen Nachbarhundertern liegt die Zahl?
Schreibe und kreise ein wie bei Aufgabe 2b.

a) (3 0 0,) 3 2 0, 4 0 0

| a) 320 | b) 580 | c) 760 | d) 450 |
| e) 210 | f) 685 | g) 963 | h) 500 |

Die Zahl heißt …
Sie liegt zwischen …
und …

4

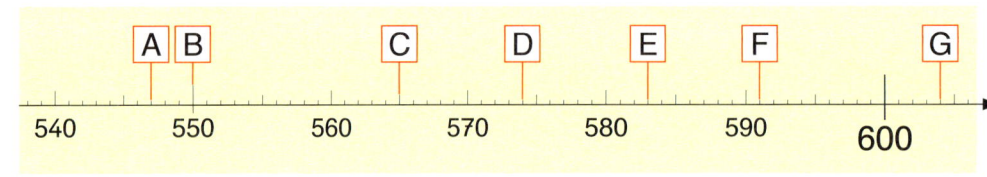

```
A B      C      D      E      F      G
540   550   560   570   580   590   600
```

a) Welche Zahlen sind es? Schreibe so:

A: 5 4 7

b) Zwischen welchen Nachbarzehnern liegen sie?
Kreise die Zehnerzahl ein, die näher
an der Zahl liegt.

A: 5 4 0, 5 4 7, (5 5 0)

c) Rechne von den Zahlen zu den Nachbarzehnern.

5 4 7 − 7 = 5 4 0
5 4 7 + 3 = 5 5 0

5 Rechne von den Zahlen zu den Nachbarhundertern.

5 4 7 − 4 7 = 5 0 0
5 4 7 + 5 3 = 6 0 0

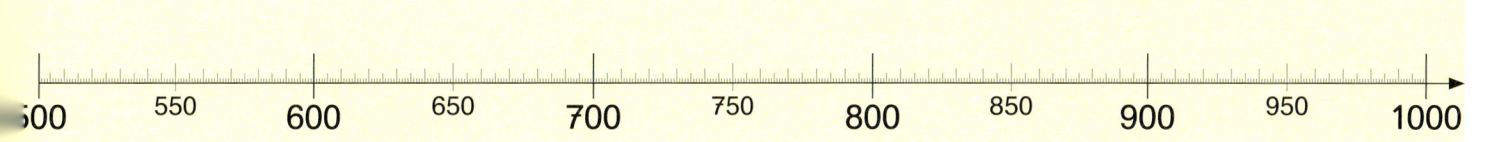

6 Vor und zurück am Zahlenstrahl

a) in Fünfzigersprüngen: 350, 400, ... 750   900, 850, ... 500
b) in Zehnersprüngen: 480, 490, ... 610   940, 930, ... 800

7 Vor und zurück am Zahlenstrahl

a) in Siebenersprüngen: b) in Elfersprüngen   c) in Neunersprüngen
350, 357, 364, ...   622, 633, 644, ...   999, 990, 981, ...

8 Welche Zahl könnte es sein? Erkläre.

a) 820 — 830
b) 960 — 970
c) 450 — 460
d) 690 — 700
e) 180 — 190
f) 330 — 340

Es könnte die Zahl ... sein, weil sie
▶ nahe bei ... liegt.
▶ zwischen ... und ... liegt.
▶ ...

9 Wie heißt die Zahl in der Mitte?

a) 0 — 200
b) 0 — 800
c) 0 — 500
d) 400 — 1000
e) 200 — 500
f) 700 — 1000

10 Mit zwei Sprüngen nach vorne oder zurück. Setze fort.

a) 120 + 80 + 30
   220 + 80 + 30
   320 + 80 + 30

b) 710 + 90 + 10
   610 + 90 + 20
   510 + 90 + 30

c) 640 − 40 − 5
   540 − 40 − 6
   440 − 40 − 7

d) 820 − 20 − 2
   720 − 20 − 4
   620 − 20 − 6

Zeichne selbst einen Zahlenstrahl von 0 bis ...

Zahlen in der Stellenwerttafel

Jetzt heißt die Zahl 121.

1 Welche Zahlen haben Justus und Jette gelegt? Schreibe die Zahlen auf.

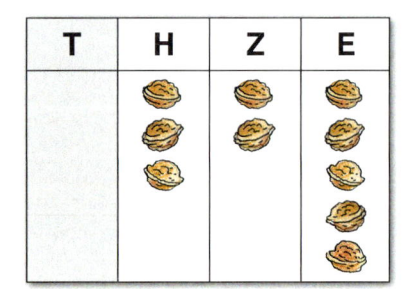

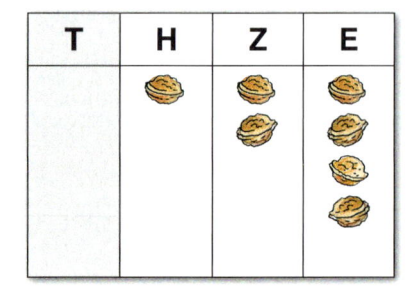

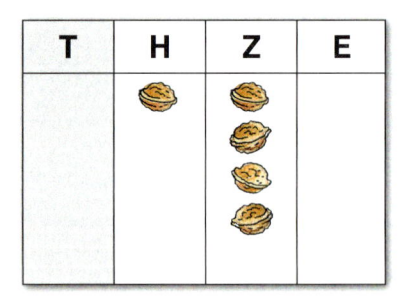

2 Fredo hat mit Nüssen eine Zahl gelegt.
a) Er nimmt eine Nuss weg. Welche Zahlen können es dann sein?

Eine Nuss habe ich stibitzt!

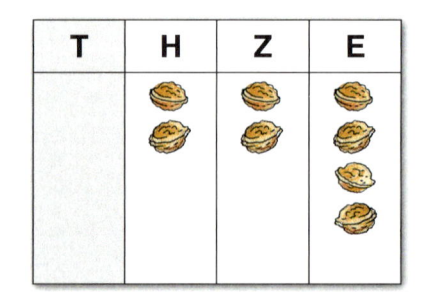

b) Er legt eine Nuss dazu. Welche Zahlen können es dann sein?
c) Er verschiebt eine Nuss. Welche Zahlen können es dann sein?

3 Spiele mit deinem Partner. Du darfst Nüsse dazulegen, stibitzen oder verschieben.

Stellenwerttafel
Einerstelle
Zehnerstelle
Hunderterstelle

4 *Ich habe nur noch zwei Nüsse. Wie viele Zahlen kann ich wohl damit legen?*

a) Welches ist die kleinste Zahl, die Fredo legen kann?
b) Welches ist die größte Zahl, die Fredo legen kann?
c) Welche Zahlen kann Fredo noch legen?

5 Welche Zahlen kannst du mit drei Nüssen legen?

6 Diese Zahl hat Fredo gelegt.

T	H	Z	E
	🌰🌰	🌰	🌰🌰🌰

a) Verschiebe eine Nuss. Die Zahl soll größer werden.
   Schreibe alle möglichen Zahlen auf.
b) Verschiebe eine Nuss. Die Zahl soll kleiner werden.
   Schreibe alle möglichen Zahlen auf.

7 Fredo legt diese Zahlen. Er legt immer eine Nuss dazu.
Wie heißt die Aufgabe? Schreibe alle Möglichkeiten auf.

a) 815   b) 637   c) 470   d) 777   e) 888   f) 31

815 + 1 =
815 + 10 =
815 +   =

8 Was passiert, wenn du bei 999 eine Nuss dazulegst?
Schreibe die Aufgaben auf.

9 Fredo legt diese Zahlen. Er nimmt eine Nuss weg.
Wie heißt die Aufgabe? Schreibe alle Möglichkeiten auf.

a) 530   b) 617   c) 412   d) 999   e) 111   f) 594

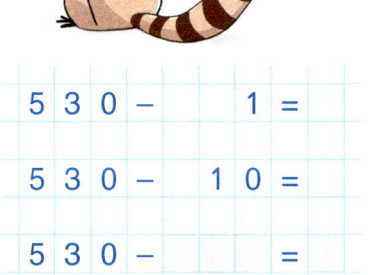

530 − 1 =
530 − 10 =
530 −   =

10 Fredo hat mit Nüssen eine Zahl gelegt. Eine Nuss hat er schon wieder weggenommen. Welche Zahlen können es vorher gewesen sein?
Schreibe alle Möglichkeiten auf.

a) 444   b) 314   c) 161   d) 678   e) 120   f) 592

Rechnen mit Geld

AH S. 21

1 Wie viele Scheine und Münzen sind es?

2 Wie viel Euro sind es?
a)   b)   c)   d)

3 Wie viel Euro sind es?
a)   b)   c)   d)   e)   f)

4 Lege die Geldbeträge.
Finde zwei verschiedene Möglichkeiten.
a) 150 €   b) 210 €   c) 660 €

a) 1 5 0 € = 1 0 0 € + ___ €

1 5 0 € =

5 Finde drei verschiedene Möglichkeiten.
a) 550 €   b) 660 €
c) 770 €   d) 357 €
e) 568 €   f) 387 €

5 5 0 € = 5 0 0 € + 5 0 €

5 5 0 € = 5 0 0 € + 2 0 € + 2 0 € + 1 0 €

5 5 0 € =

6 Ist das möglich? Zeichne.

a) Ich habe fünf Scheine. Es sind zusammen 260 €.

b) Ich bezahle 300 € mit zwei Scheinen.

c) Ich habe zwei Scheine. Es sind zusammen 500 €.

d) Ich habe drei Scheine. Es sind zusammen 900 €.

Ich muss noch 200 Euro abheben.

Bekommst du dann einen 200-Euro-Schein?

7 a) Welche Scheine hat die Mutter für 200 Euro bekommen?
b) Welche Möglichkeiten gibt es noch? Zeichne auf.

8 Lege 300 Euro mit   a) 2 Scheinen   b) 3 Scheinen
c) 4 Scheinen   d) 5 Scheinen

a) 2 0 0 €   1 0 0 €

9 Lege 600 Euro mit   a) 2 Scheinen   b) 3 Scheinen
c) 4 Scheinen   d) 5 Scheinen
e) 6 Scheinen   f) 7 Scheinen

a) 5 0 0 €   1 0 0 €

Lege auch 200 Euro und 400 Euro mit den angegebenen Scheinen.

10 Verwende möglichst wenige Scheine und Münzen.

a) 700 €   b) 730 €   c) 743 €   d) 757 €   e) 789 €   f) 790 €
555 €   222 €   333 €   666 €   888 €   777 €
238 €   147 €   686 €   309 €   252 €   316 €

a)   7 0 0 € = 5 0 0 € + 2 0 0 €

11 Immer 900 Euro
a) Drei Scheine, zwei davon sind gleich
b) Vier Scheine, zwei davon sind gleich
c) Sechs Scheine, vier davon sind gleich
d) Acht Scheine, sechs davon sind gleich

Kannst du 1000 Euro mit 1, 2, 3, 4, 5, 6, 7, 8, 9, 10 … Scheinen legen?
Probiere und schreibe auf.

Kinderflohmarkt

AH S.22

An der Schule von Justus und Jette findet ein Kinderflohmarkt statt.
Viele Kinder verkaufen Spielzeug und andere Sachen.

1 Justus hat nach einer Stunde 4 Konsolenspiele für je 8 Euro und 3 CDs für je 3,50 Euro verkauft. Wie viel Euro hat er insgesamt eingenommen?

Lösen in Schritten

4 Spiele: ___ €
3 CDs: ___ €
zusammen: ___ €

Antwort: Er hat ___ € eingenommen.

2 Jette hat 3 Bücher für je 2 Euro und 2 Brettspiele für je 6,50 Euro verkauft. Wie viel Euro hat sie eingenommen?

Lösen in Schritten

___ €
___ €
zusammen: ___ €

Antwort: Sie hat ___ € eingenommen.

3 Timo kauft auf dem Flohmarkt 5 CDs für je 3 Euro, 2 Bücher für je 4 Euro und 3 Kartenspiele für je 3 Euro. Wie viel Euro muss er insgesamt bezahlen?

4 Lena kauft 2 CDs für je 2 Euro, 2 Autos für je 1 Euro und ein Spiel für 3,50 Euro. Sie bezahlt mit einem 10-Euro-Schein. Wie viel Geld bekommt sie zurück?

Lösen in Schritten

2 CDs: ___ €
2 Autos: ___ €
1 Spiel: ___ €
zusammen: ___ €
Rückgeld: ___ €

Antwort: Sie bekommt ___ € zurück.

5 Frau Müller kauft bei Jette 4 Bücher für je 2,50 Euro, 2 CDs für je 3 Euro und 2 Brettspiele für 4 Euro und 5,50 Euro. Sie bezahlt mit einem 20-Euro-Schein und einem 10-Euro-Schein. Wie viel Geld bekommt Frau Müller zurück?

Schreibe selbst eine Aufgabe zum Kinderflohmarkt.

Schule in der Kiste

Das ist eine „Schule in der Kiste". In manchen Ländern der Welt werden Schulen zerstört, zum Beispiel durch Kriege oder Erdbeben. Die Organisation UNICEF sammelt Geld, damit Kinder auch hier wieder zur Schule gehen können. Von dem Geld kann zum Beispiel eine „Schule in der Kiste" gekauft werden. In dieser Kiste sind Materialien für 40 Schüler und einen Lehrer.

Spendenliste
40 Schiefertafeln	20 €
40 Sets mit Wachsmalkreide	20 €
40 Schulhefte liniert	6 €
40 Schulhefte kariert	6 €
80 Radiergummis	12 €
40 Anspitzer	8 €
84 Bleistifte	5 €
40 Scheren	8 €
40 Schultaschen	47 €
40 Lineale	8 €
1 stabile Metallbox	10 €
Lehrermaterial (Tafelfarbe, Pinsel, Kreide und vieles mehr)	50 €

1 Diese Materialien sind in **einer** Kiste.
  a) Wie viel Euro müssen an Spenden gesammelt werden, damit eine Kiste verschickt werden kann?
  b) Wie viel Euro braucht man für zwei, drei, vier … Kisten? Lege eine Tabelle an.

2 Einige Kinder der Klasse 3b spenden Geld: Justus 12 €, Jette 7 €, Jana 10 €, Paul doppelt so viel wie Jette. Frau Müller spendet auch etwas. Zusammen sind es 80 €.
  a) Wie viel Euro spendet Frau Müller?
  b) Was könnten sie davon für die „Schule in der Kiste" kaufen. Schreibe auf.
  c) Die Eltern der vier Kinder möchten den restlichen Betrag spenden, damit eine komplette Kiste gekauft werden kann. Wie viel Euro müssen sie spenden?

Lösen in Schritten
Spenden der Kinder: €
Spende von Frau Müller: €
zusammen: €

3 Auf dem Kinderflohmarkt wurden Spendendosen für diese Aktion aufgestellt. In der ersten Dose waren 120 €, in der zweiten Dose 60 €. Wie viel Geld fehlt noch, damit eine weitere „Schule in der Kiste" gespendet werden kann?

4 Im Jahr 2009 wurden für diese Länder „Schulen in der Kiste" angeschafft.
  a) Wie viele Kisten wurden insgesamt gespendet?
  b) Wie viel Euro mussten für die Kisten in Ghana gesammelt werden?
  c) Wie viele Kinder können in Afrika mit den Kisten unterrichtet werden?

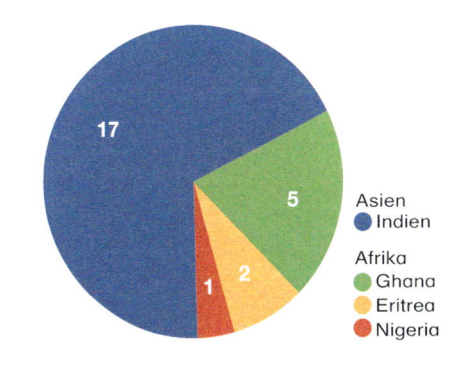

Kreisdiagramm: 17 (Asien/Indien), 5 (Ghana), 2 (Eritrea), 1 (Nigeria)
Asien: Indien
Afrika: Ghana, Eritrea, Nigeria

Spiegelbilder

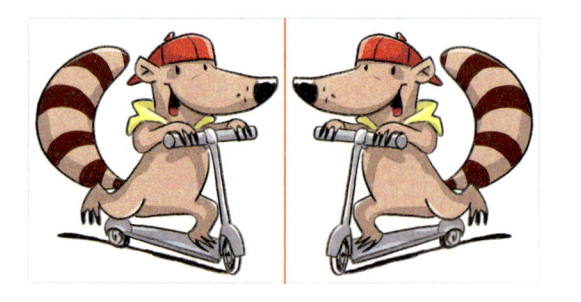

1 Vergleiche Fredos Bild mit dem Spiegelbild. Was ist gleich? Was ist anders?

Spiegelachse / Symmetrieachse

Spiegelbild

2 Spiegelbilder: ja oder nein? Begründe deine Entscheidung.

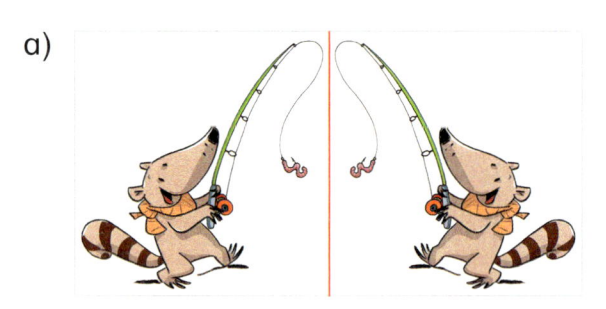

a)

b)

c)

d)

e)

f)

3 Spiegelschrift

Wo musst du den Spiegel hinstellen, um den Namen richtig lesen zu können?

a) oben / links / rechts / unten

b)

Schreibe deinen und andere Namen in Spiegelschrift.

42

Spiegelbilder am Geobrett

📖 S. 23

"Ich spanne das Spiegelbild. Ich zähle die Nägel genau ab."

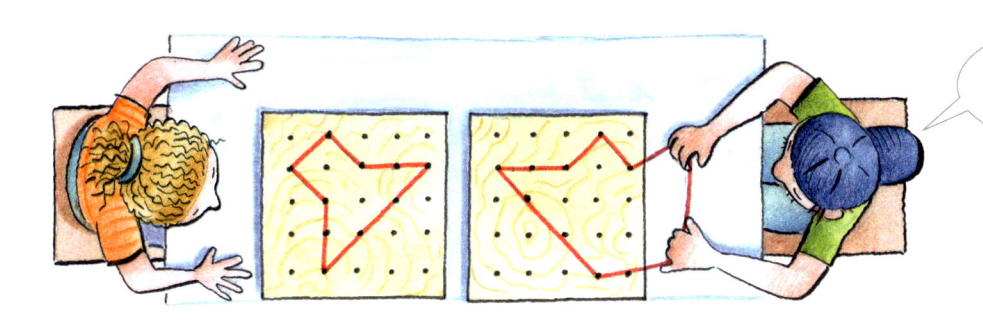

1 Spannt Bild und Spiegelbild wie Jette und Justus. Überprüft mit dem Spiegel.

2 Spanne zu den Bildern das passende Spiegelbild. Die markierte Brettkante soll die Spiegelachse sein. Zeichne deine Lösung auf ein Punktefeld.

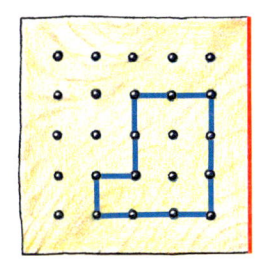

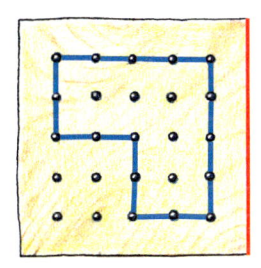

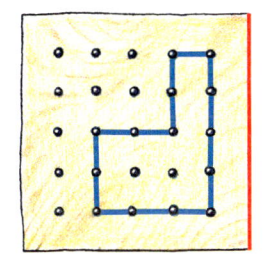

3 Spanne zu den Bildern das passende Spiegelbild. Die markierte Brettkante soll die Spiegelachse sein. Zeichne deine Lösung auf ein Punktefeld.

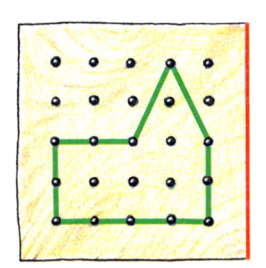

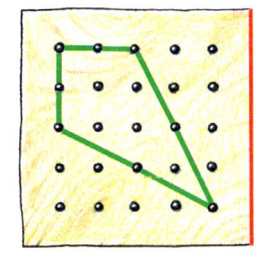

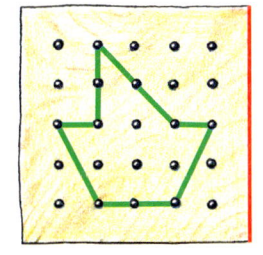

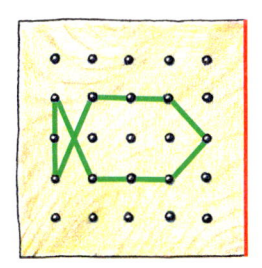

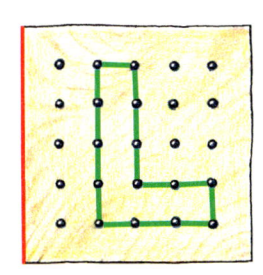

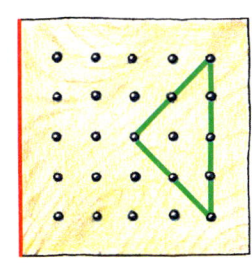

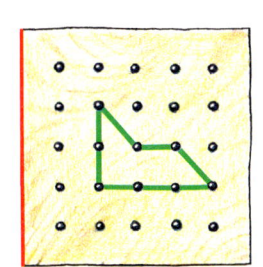

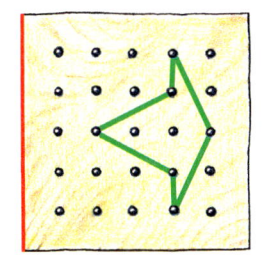

4 Achtung Fehler! Zeichne das richtige Spiegelbild auf ein Punktefeld. Wie oft spannst du den Gummi jeweils um, damit das richtige Spiegelbild erzeugt wird?

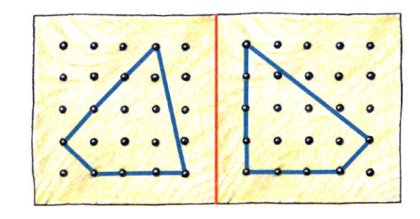

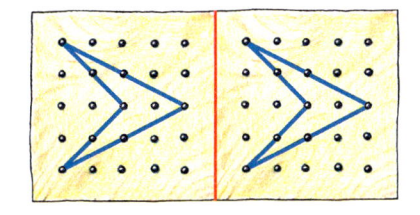

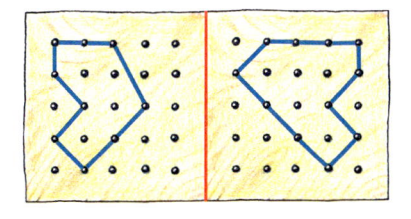

43

Rechnen im Kopf

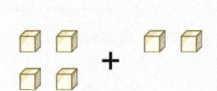

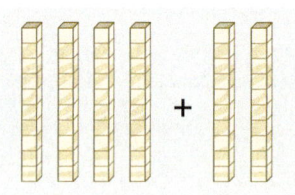

AH S. 26

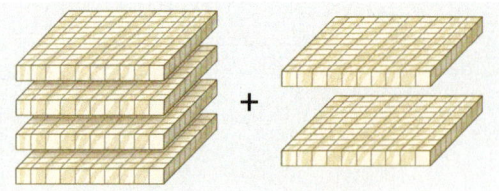

4 + 2 = 6   40 + 20 = 60   400 + 200 = 600

1 Lege und rechne.

a) 5 + 3 b) 7 + 2 c) 9 − 4 d) 8 − 6
   50 + 30   70 + 20   90 − 40   80 − 60
  500 + 300   700 + 200 900 − 400 800 − 600

e) Finde weitere Päckchen. Schreibe sie auf und rechne.

2 Entdeckerpäckchen. Schreibe deine Entdeckungen auf. Setze fort.

a) 700 + 300 b) 300 + 150 c) 400 − 200 d) 100 − 60
   600 + 300   300 + 250   500 − 200   200 − 60
   500 + 300   300 + 350   600 − 200   300 − 60

3 Entdeckerpäckchen. Schreibe deine Entdeckungen auf. Setze fort.

a) 500 + 70   b) 230 + 8   c) 450 − 20   d) 330 − 4
   400 + 170   250 + 18   550 − 20   340 − 14
   300 + 270   270 + 28   650 − 20   350 − 24

4 Rechne. Was fällt dir auf? Schreibe auf.

a) 6 − 3   b) 700 − 300   c) 80 − 50
   906 − 3   770 − 300   480 − 50
   946 − 3   777 − 300   487 − 50

Achte auf H, Z und E!

5 a) 50 + 5   b) 70 + 8   c) 30 − 3   d) 20 − 9
       500 + 5   700 + 8   300 − 3   200 − 9
       500 + 50   700 + 80   300 − 30   200 − 90

6 a) 16 + 3   b) 45 + 8   c) 39 − 5   d) 64 − 6
       516 + 3   445 + 8   639 − 5   764 − 6
        16 + 30   45 + 40   39 − 20   64 − 50
       516 + 30   445 + 40   639 − 20   764 − 50

Finde zu den Ergebnissen Plus- und Minusaufgaben. Schreibe sie auf.

500 700 480 670 330

7 Rechne.

a) 5 + 5
    50 + 50

b) 7 + 7
    70 + 70

c) 8 + 8
    80 + 80

d) 6 + 6
    60 + 60

e) 9 + 9
    90 + 90

8 Rechne.

a) 8 + 5
    80 + 50

b) 7 + 4
    70 + 40

c) 9 + 3
    90 + 30

d) 6 + 5
    60 + 50

e) 7 + 6
    70 + 60

f) 6 + 9
    ___ + ___

g) 4 + 8
    ___ + ___

h) 3 + 9
    ___ + ___

i) 7 + 8
    ___ + ___

j) 5 + 7
    ___ + ___

9 Rechne.

a) 12 − 4
    120 − 40

b) 14 − 8
    140 − 80

c) 13 − 5
    130 − 50

d) 15 − 7
    150 − 70

e) 12 − 9
    120 − 90

f) 15 − 6
    ___ − ___

g) 11 − 7
    ___ − ___

h) 16 − 9
    ___ − ___

i) 11 − 4
    ___ − ___

j) 13 − 4
    ___ − ___

10 Vergleiche die Aufgaben. Was bleibt gleich? Welche Stelle ändert sich?

a) 80 + 20
    80 + 30
    80 + 35
    84 + 35

b) 60 + 40
    60 + 50
    60 + 52
    64 + 52

c) 80 + 20
    80 + 70
    80 + 73
    84 + 73

d) 50 + 50
    50 + 70
    54 + 70
    54 + 76

Einer? Zehner? Einer und Zehner?

11 Rechenhäuser. Zeichne und rechne.

Haus 1: 700 — 300, 200, 250, 350

Haus 2: 900 — 600, 640, 440, 310

12 Rechenhäuser. Denke dir auch noch ein Haus zu 440, 630 und 704 aus.

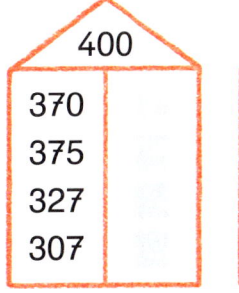

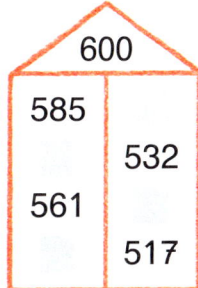

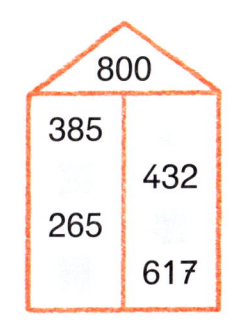

Haus 1: 400 — 370, 375, 327, 307

Haus 2: 600 — 585, 532, 561, 517

Haus 3: 800 — 385, 432, 265, 617

Über und unter den Hunderter

AH S. 27

Wer trifft die 100?

Jette
100 + 4 = 104
99 + 3 = 102
103 − 6 = 97

Juhu!
97 + 3 = 100
Gewonnen!

Justus
104 − 5 = 99
102 + 1 = 103
97

1 Erkläre die Spielregel.

2 Was muss Jette jetzt würfeln, um auch die 100 zu erreichen?

3 Spiele das Spiel mit deinem Partner.
Ihr könnt auch größere Hunderterzahlen (200, 500, ...) wählen.

4 Über und unter die 100. Rechne.

a) 97 + 5	b) 98 + 5	c) 101 − 1	d) 106 − 9	e) 100 + 10
94 + 8	92 + 9	105 − 6	103 − 7	98 + 10
99 + 4	96 + 9	103 − 7	107 − 8	105 + 10

5 Über und unter den Hunderter. Rechne.

a) 697 + 5	b) 898 + 5	c) 603 − 7	d) 206 − 9	e) 390 + 12
394 + 8	392 + 9	905 − 6	703 − 7	690 + 18
199 + 4	496 + 4	401 − 1	507 − 8	790 + 15
596 + 8	793 + 9	806 − 9	604 − 7	880 + 25

6 Rechne. Was verändert sich von Aufgabe zu Aufgabe? Markiere.

a) 80 + 60	b) 70 + 80	c) 120 − 60	d) 160 − 80
83 + 60	74 + 80	125 − 60	164 − 80
83 + 62	74 + 82	125 − 61	164 − 82
83 + 67	74 + 86	125 − 65	164 − 84

Einer?
Zehner?
Einer und Zehner?

7 Bilde ähnliche Päckchen wie bei Aufgabe 6.

Aufgaben an der Hundertertafel

1	2	3	4	5	6	7	8	9	10
11	12	13	14	15	16	17	18	19	20
21	22	23	24	25	26	27	28	29	30
31	32	33	34	35	36	37	38	39	40
41	42	43	44	45	46	47	48	49	50
51	52	53	54	55	56	57	58	59	60
61	62	63	64	65	66	67	68	69	70
71	72	73	74	75	76	77	78	79	80
81	82	83	84	85	86	87	88	89	90
91	92	93	94	95	96	97	98	99	100

1 Suche dir mit der Schablone immer zwei Zahlen und addiere sie, z. B. 54 + 55 oder 48 + 58. Das Ergebnis soll größer sein als 100.

Wie rechnest du diese Aufgaben?

2 Entdeckerpäckchen mit der Schablone. Rechne. Setze fort.

a) 23 + 24
33 + 34
43 + 44
+

b) 42 + 52
43 + 53
44 + 54
+

Was passiert mit dem Ergebnis?

3 Entdeckerpäckchen mit der Schablone. Rechne. Setze fort.

a) 43 + 44
53 + 54
+
+

b) 45 + 55
46 + 56
+
+

Was passiert mit dem Ergebnis?
Erkläre: Warum ist das so?

4 Suche mit der Schablone die beiden passenden Zahlen.

a) 63, 83, 103, 123
143, 145, 147, 151

b) 96, 98, 100,
116, 136, 114

a) 6 3 = 3 1 + 3 2
8 3 =   +

5 Zauberkreuze am Hunderterfeld.
Was fällt dir auf?

a) 42 43 / 52 53

b) 49 50 / 59 60

c) 61 62 / 71 72

d)

a) 4 2 + 5 3 =
4 3 + 5 2 =

6 Begründe: Warum haben beide Aufgaben im Zauberkreuz das gleiche Ergebnis?

Minuten und Sekunden

AH S. 28

Wir messen den Ruhepuls.

Jetzt messen wir den Puls noch einmal.

Du kannst den Pulsschlag an verschiedenen Stellen am Körper messen.

1 Messt immer eine Minute lang euren Puls. Notiert. Vergleicht miteinander.

Name	Ruhepuls	Pulsschlag nach 20 Kniebeugen	Pulsschlag nach 20 Hampelmännern
Jette	80	100	116

2

Wie lange dauert es, 10-mal um den Stuhl zu laufen?

Das stoppe ich mit einer Stoppuhr!

1 Minute hat 60 Sekunden.
1 min = 60 s

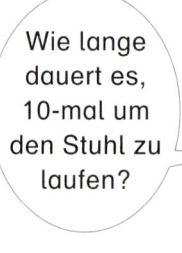

Probiert aus. Notiert. Vergleicht miteinander.

3 Betrachte den Sekundenzeiger einer Uhr bei seiner Runde.
 a) Zähle die Sekunden mit.
 b) Klopfe die Sekunden auf dem Tisch mit.

4

Tier	Pulsschlag 30 s	60 s
Katze	110	
Giraffe	60	
Tiger	40	
Pferd	22	
Elefant	15	

5

Tier	Pulsschlag 15 s	60 s
Kanarienvogel	250	
Maus	160	
Goldhamster	70	
Kaninchen	51	
Kolibri	320	

Berechne den Ruhepuls der Tiere in 1 Minute. Vergleiche mit deinem Ruhepuls.

6 Schätzt zuerst. Messt dann die benötigte Zeit mit einer Stoppuhr oder mit dem Sekundenzeiger einer Uhr. Notiert.

a) Wie viele Sekunden könnt ihr …

… Aaaaaa sagen, ohne Luft zu holen?

… die Luft anhalten?

… auf einem Bein stehen?

… den Schulranzen hochhalten?

… auf Zehenspitzen stehen?

…?

b) Wie viele Sekunden braucht ihr, …

… um einen Stift anzuspitzen?

… um das ABC aufzuschreiben?

… um den Schulranzen auszuräumen?

Was kannst du in einer Minute tun?

Wie lange brauchst du, um ihn wieder ordentlich einzuräumen?

7 Immer 1 Minute. Ergänze.

a) 10 s, 20 s, 30 s, 40 s, 50 s
b) 15 s, 45 s, 35 s, 58 s, 25 s

1 0 s + ▢ s = 1 min

8 Immer 1 Minute. Ergänze.

56 s   15 s   28 s   51 s   19 s   6 s   43 s   32 s   8 s

5 6 s + ▢ s = 1 min

9 Wie viele Sekunden haben 1, 2, 3, 4, …, 10 Minuten? Schreibe in einer Tabelle:

Minuten	1	2	3	4	…
Sekunden	60	120			…

Wahrscheinlichkeit

AH S. 29

Ich gewinne!

1 Justus und Jette drehen den Kreisel 50-mal. Vermute: Hat Jette recht?

2 Baut einen Kreisel wie Jette und Justus. Die Anleitung hilft euch. Färbt den Kreisel so ein wie bei Jette und Justus.

a) Dreht den Kreisel mindestens 50-mal.
   Tragt die Ergebnisse in eine Tabelle ein.
b) Vergleicht eure Ergebnisse mit anderen Zweiergruppen.
c) Sammelt die Ergebnisse in der Klasse.
d) Ändern sich die Ergebnisse,
   wenn ihr den Kreisel so einfärbt?
   Überlege mit deinem Partner.
   Begründet eure Meinung.

Bastelanleitung

Schneidet ein Quadrat aus Pappe aus. Die Seitenlänge soll 6 cm sein. Verbindet die Eckpunkte mit Lineal und Bleistift. In die Mitte steckt ihr einen Zahnstocher.

3 Baut einen weiteren Kreisel und färbt drei Dreiecke rot und ein Dreieck blau.

a) Vermutet: Welche Farbe gewinnt?
b) Überprüft: Dreht den Kreisel 20-mal.
   Tragt die Ergebnisse in eine Tabelle ein.
c) Vergleicht die Ergebnisse miteinander.

sicher

möglich

unmöglich

Die Chance ist größer, dass ...

Die Chance ist gleich groß, dass ...

4 Wie musst du deinen Kreisel einfärben, damit die folgenden Aussagen stimmen? Zeichne.

a) Es ist sicher, dass Rot gewinnt.
b) Es ist unmöglich, dass Rot gewinnt.
c) Die Chance ist gleich groß,
   dass Rot oder Blau gewinnt.
d) Die Chance ist größer, dass Rot gewinnt.

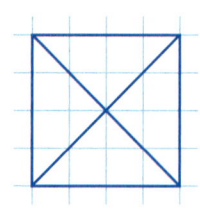

Glücksrad

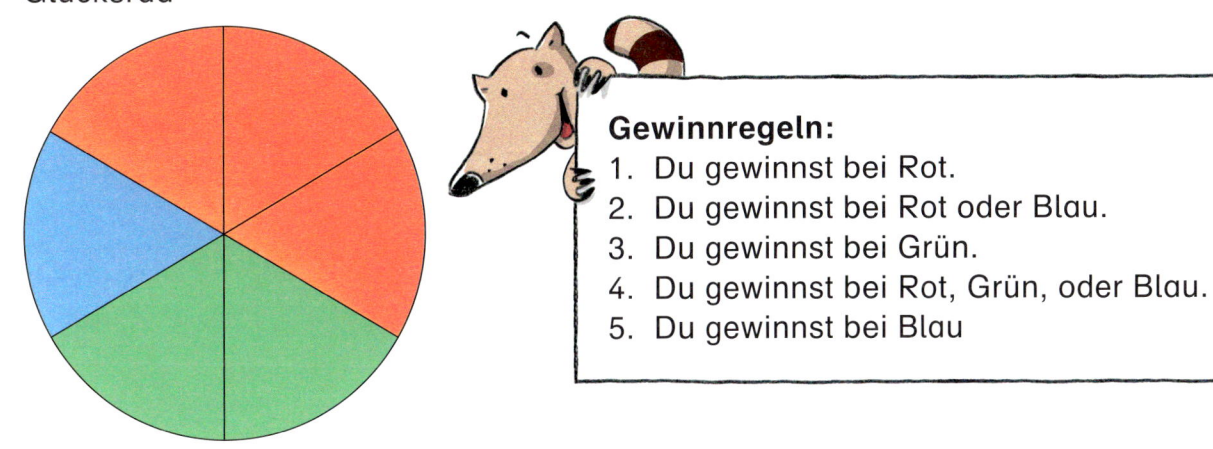

Gewinnregeln:
1. Du gewinnst bei Rot.
2. Du gewinnst bei Rot oder Blau.
3. Du gewinnst bei Grün.
4. Du gewinnst bei Rot, Grün, oder Blau.
5. Du gewinnst bei Blau

5 Suche dir eine der Regeln aus, bei der es …

a) … sicher ist, dass du gewinnst.
b) … möglich ist, dass du gewinnst.

Begründe deine Antworten.

6 Finde eine Regel, bei der es unmöglich ist, dass du gewinnst.

Du gewinnst bei …

7 Ordne die Regeln nach ihren Gewinnchancen.
Begründe.

Bei Regel … gibt es insgesamt … Gewinnfelder.

8 Bei welchem Rad sind die Chancen größer, dass Rot gewinnt?
Begründe.

Rechenwege bei der Addition

AH S. 30, 31

```
456 + 328 =
456 + 300 = 756
756 +  20 = 776
776 +   8 = 784
```
Justus

456 + 328

```
456 + 328 =
456 +   4 = 460
460 + 300 = 760
760 +  24 = 784
```
Jette

400 50 6
300 20 8

```
456 + 328 =
400 + 300 = 700
 50 +  20 =  70
  6 +   8 =  14
700 + 70 + 14 = 784
```
Olli

```
456 + 328 =
456 +   8 = 464
464 +  20 = 484
484 + 300 = 784
```
Julia

+300   +20   +8
456 756 776 784
Susi

+8   +20   +300
456 464 484 784
Jana

+4   +300   +24
456 460 760 784
Nico

Ich kann Rechenwege als Gleichung oder am Rechenstrich notieren.

In Schritten vor

Hunderter, Zehner und Einer getrennt

1 Welche Kinder haben den gleichen Rechenweg? Ist dein Rechenweg dabei? Welche Rechenwege passen zu welchem Werkzeugkoffern?

2 Rechne wie Susi am Rechenstrich.

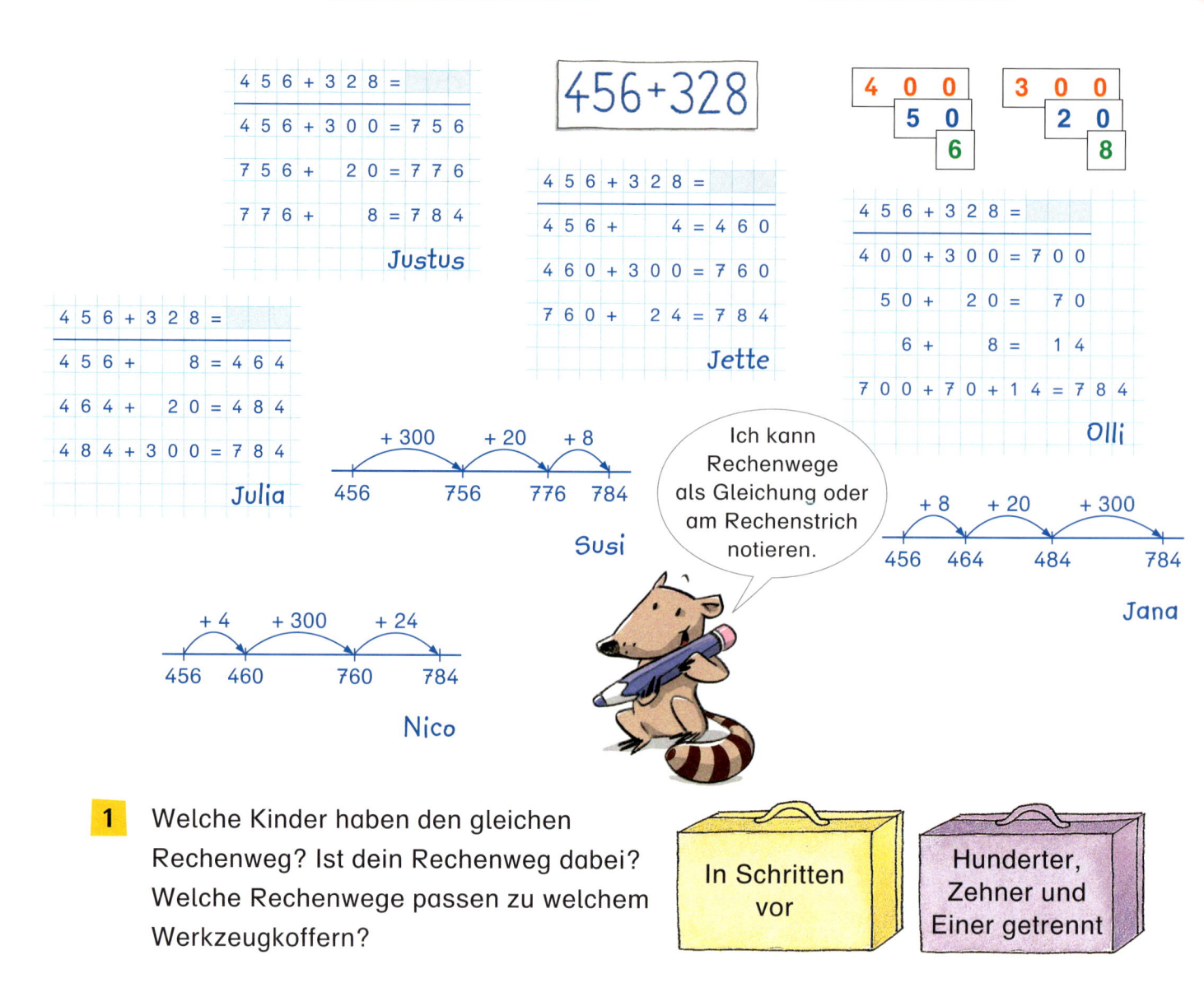

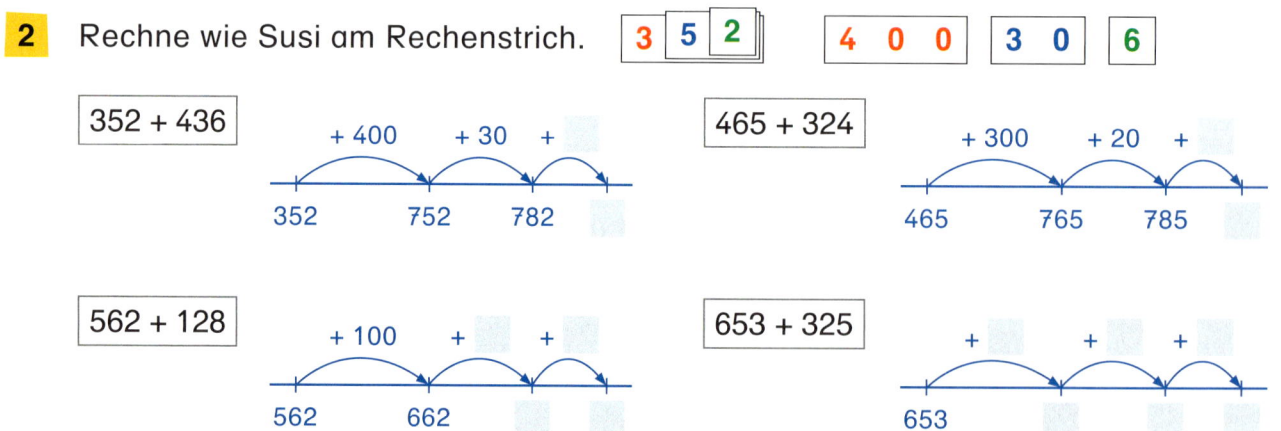

3 5 2   400 30 6

352 + 436

+400   +30   +
352   752   782

465 + 324

+300   +20   +
465   765   785

562 + 128

+100   +   +
562   662

653 + 325

+   +   +
653

3 Notiere deinen Rechenweg **mit Gleichungen** oder **am Rechenstrich**.

a) 325 + 262
   425 + 263
   307 + 428

b) 532 + 354
   432 + 356
   556 + 209

c) 543 + 227
   743 + 137
   234 + 127

d) 565 + 314
   145 + 214
   541 + 412

e) 657 + 228
   647 + 212
   374 + 521

"Die Aufgabe ist aber schwer!"

"Ist doch leicht!
+ 200
346   546"

346 + 198

4 a) Justus rechnet zuerst 346 + 200.
Was muss Justus jetzt noch rechnen?

b) Rechne diese Aufgaben wie Justus am Rechenstrich.

Nah am Hunderter

275 + 299   299 + 436   675 + 99   346 + 197   197 + 564

5 a) Rechne nur die fünf Aufgaben aus, die zum grünen Werkzeugkoffer passen.

356 + 198   356 + 124   523 + 297   345 + 298   446 + 452

376 + 599   362 + 234   599 + 214   345 + 237   523 + 158

b) Bilde selbst noch fünf weitere Aufgaben zum grünen Koffer.

6 Achtung! Bei diesen Aufgaben geht es immer über den Hunderter.
Schreibe deinen Rechenweg auf.

a) 780 + 156   b) 570 + 243   c) 460 + 357   d) 680 + 155   e) 560 + 167
   686 + 250   373 + 240   676 + 250   482 + 350   264 + 365
   486 + 352   473 + 346   256 + 373   272 + 356   366 + 569

7 Kannst du eine Aufgabe auch auf zweierlei Weise ausrechnen?
Notiere beide Rechenwege.

556 + 332   435 + 528   659 + 159   368 + 454   579 + 298

Von einfachen ...

AH S. 32

| 400 + 300 | 456 + 367 | 450 + 300 | 456 + 320 |

| 456 + 321 | 456 + 300 | 456 + 327 |

1 a) Schreibe die Aufgaben auf kleine Zettel.
Ordne sie von leicht nach schwer und rechne sie aus.

b) Vergleicht. Diese Ausdrücke können euch dabei helfen:

glatte Hunderterzahl   mit einer Stellenüberschreitung

glatte Zehnerzahl   mit zwei Stellenüberschreitungen

gemischte Hunderterzahl   ohne Stellenüberschreitung

2 Von leicht nach schwer

536 + 100   530 + 100

536 + 152   536 + 158

500 + 100   536 + 188

536 + 150

a) Ordne auch diese Aufgaben.
b) Rechne und notiere die Veränderungen wie im Beispiel.

```
      ⎧ 400 + 300   = 700 ⎫
  +50 ⎨ 450 + 300   = 750 ⎬ +50
   +6 ⎩ 456 + 300   = 756 ⎭ + 6
        456 + 320   = 776    +20
        456 + 323   = 779    + 3
        456 + 328   = 784    + 5
        456 + 368   = 824    +50
```
(+20, +3, +5, +40 shown on left; +50 on right bottom)

3 Rechne.

400 + 400
460 + 400
468 + 400
468 + 410
468 + 411
468 + 414
468 + 464

4 Von leicht nach schwer. Ordne und rechne.

a) 630 + 200
635 + 278
635 + 253
635 + 200
635 + 258
600 + 200
635 + 250

b) 374 + 500
374 + 513
300 + 500
374 + 510
374 + 518
370 + 500
374 + 533

5 Von schwer nach leicht. Bilde immer sieben Aufgaben.

a) 457 + 268
b) 656 + 268
c) 448 + 488

... zu schwierigen Aufgaben ⊕

6 Entdeckerpäckchen. Setze fort.

a) 342 + 410
344 + 414
346 + 418

b) 385 + 215
390 + 220
395 + 225

c) 303 + 404
306 + 408
309 + 412

d) 708 + 202
716 + 204
724 + 206

e) 273 + 207
283 + 217
293 + 227

7 Auch das sollen Entdeckerpäckchen werden!

a) 385 + 385
_ + _
405 + 395
415 + _

b) 428 + 247
_ + _
468 + 227
488 + _

c) 606 + 202
_ + _
_ + _
624 + 208

d) 330 + 233
_ + _
_ + _
420 + 242

e) 285 + 285
_ + _
_ + _
600 + 315

8 Nutze das Ergebnis der ersten Aufgabe für die zweite Aufgabe.

a) 430 + 430
438 + 432

b) 280 + 430
285 + 435

c) 230 + 340
235 + 348

d) 530 + 240
528 + 242

e) 540 + 460
543 + 462

f) 380 + 520
384 + 524

g) 476 + 300
476 + 297

h) 156 + 400
156 + 398

Ich kann 64 + 23 im Kopf rechnen. Dann kann ich auch 364 + 23 und 364 + 123 rechnen.

9 Rechne wie Jette.

a) 64 + 23
364 + 23
364 + 123

b) 48 + 32
248 + 32
248 + 432

c) Bilde selbst ähnliche Päckchen.

10 Welche Aufgaben rechnest du im Kopf?
Bei welchen Aufgaben schreibst du deinen Rechenweg auf?

a) 341 + 500
460 + 210
348 + 235

b) 699 + 234
423 + 423
452 + 304

c) 605 + 207
599 + 223
480 + 360

d) 209 + 356
376 + 618
384 + 437

e) 444 + 555
423 + 307
798 + 184

11 Was fällt dir bei den Aufgaben und den Ergebnissen auf?
Notiere.

324 + 423   541 + 145   435 + 534   216 + 612   731 + 137

Rechenwege bei der Subtraktion AH S. 33

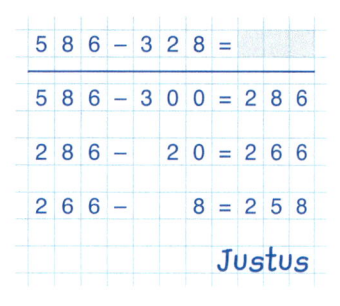

586 − 328

Justus:
586 − 328 =
586 − 300 = 286
286 − 20 = 266
266 − 8 = 258

Tobi:
586 − 328 =
586 − 8 = 578
578 − 20 = 558
558 − 300 = 258

Susi:
−8 −20 −300
258 266 286 586

Jette:
586 − 328 =
586 − 6 = 580
580 − 300 = 280
280 − 20 = 260
260 − 2 = 258

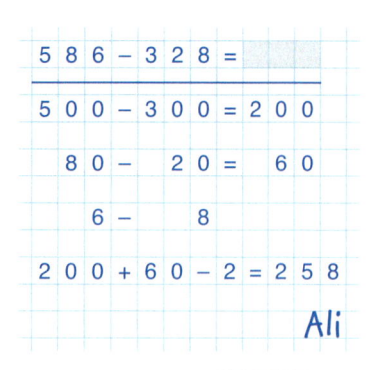

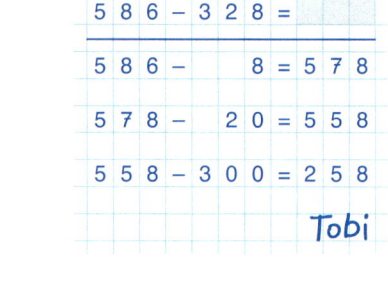

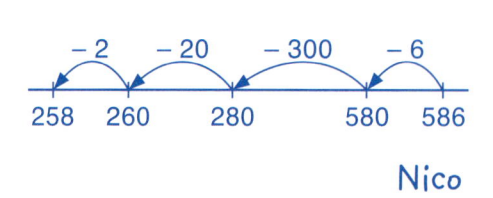

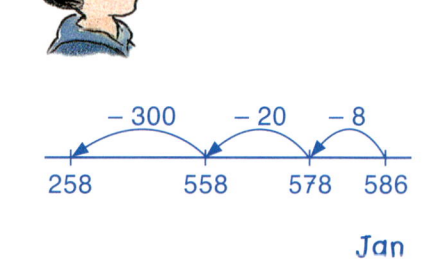

Nico:
−2 −20 −300 −6
258 260 280 580 586

Ali:
586 − 328 =
500 − 300 = 200
80 − 20 = 60
6 − 8
200 + 60 − 2 = 258

2 muss ich noch abziehen.

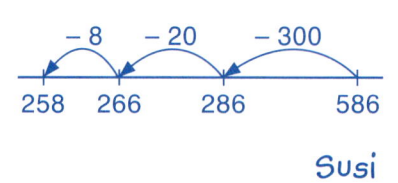

Jan:
−300 −20 −8
258 558 578 586

1 Welche Kinder haben den gleichen Rechenweg? Ist dein Rechenweg dabei? Welche Rechenwege passen zu welchem Werkzeugkoffer?

- In Schritten zurück
- Hunderter, Zehner und Einer getrennt

2 Rechne wie Susi am Rechenstrich.

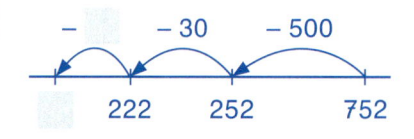

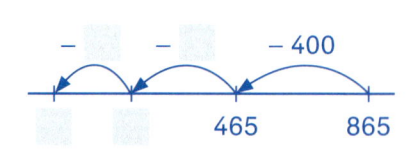

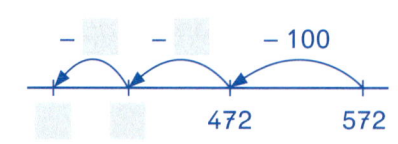

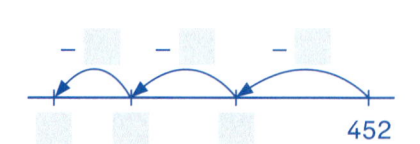

752 − 531
−   −30   −500
     222 252 752

865 − 424
−   −   −400
              465 865

572 − 167
−   −   −100
          472 572

452 − 237
−   −   −
                452

3 Notiere deinen Rechenweg **mit Gleichungen** oder **am Rechenstrich**.

a) 785 − 623   b) 825 − 314   c) 743 − 426   d) 592 − 387   e) 653 − 324
   755 − 423   652 − 341   743 − 429   682 − 377   542 − 324
   643 − 423   652 − 423   532 − 329   764 − 455   541 − 337

Geschickt rechnen

AH S. 34

Gibt es für diese Aufgabe auch einen schlauen Rechenweg?

346 − 198

− 200
146   346

1 a) Justus rechnet zuerst 346 − 200.
Was muss Justus jetzt noch rechnen?

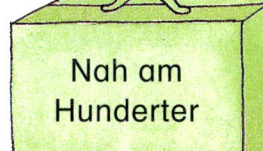

Nah am Hunderter

b) Rechne diese Aufgaben wie Justus am Rechenstrich.

725 − 399   821 − 398   874 − 299   624 − 199   868 − 297

2 Vervollständige die Rechenwege.

Nah am Hunderter

a) 725 − 199 =
_____
725 − 200 +

b) 621 − 398 =
_____
621 − 400 +

c) 874 − 298 =
_____
874 −   +

d) 524 − 299 =
_____
524 −

3 *Das sind Aufgaben für den roten Koffer! Achte auf die Hunderter!*

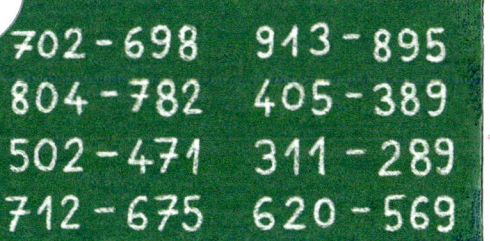

702 − 698   913 − 895
804 − 782   405 − 389
502 − 471   311 − 289
712 − 675   620 − 569

Warum?

Ergänzen

a) Vervollständige die Rechenwege.

702 − 698 =
_____
698 **+ 2** = 700
700 +   = 702
698 +   = 702

804 − 782 =
_____
782 **+ 18** = 800
800 +   = 804
782 +   = 804

502 − 471 =
_____
471 +   = 500
500 +   =
471 +   =

712 − 675 =
_____
675 +   =
   +   =
   +   =

b) Rechne auch die anderen vier Aufgaben auf diesem Weg.

Bilde weitere Aufgaben zum grünen und zum roten Koffer und rechne sie aus.

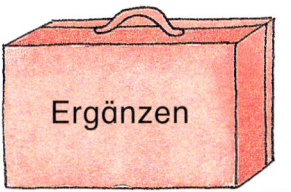

Nah am Hunderter   *Ergänzen*

Von einfachen ...

AH S. 35

750 − 300   756 − 300   700 − 300   756 − 328
756 − 324   756 − 320   756 − 358

1 a) Schreibe die Aufgaben auf kleine Zettel.
   Ordne sie von leicht nach schwer. Versuche alle Aufgaben zu lösen.

b) Vergleicht.

2 Von leicht nach schwer

580 − 100   586 − 154
586 − 150   586 − 188
500 − 100   586 − 100
586 − 158

a) Ordne auch diese Aufgaben.
b) Rechne und notiere die Veränderungen wie im Beispiel.

```
+50 ( 600 − 200 = 400 ) +50
    ( 650 − 200 = 450 )
+6  ( 656 − 200 = 456 ) +6
    ( 656 − 220 = 436 ) −20
+20 ( 656 − 223 = 433 ) −3
+3  ( 656 − 228 = 428 ) −5
+5  ( 656 − 258 = 398 ) −30
+30
```

3 Rechne.

600 − 200
640 − 200
645 − 200
645 − 230
645 − 231
645 − 238
645 − 248

4 Von leicht nach schwer.
Ordne und rechne.

a) 630 − 200   b) 874 − 500
   635 − 238   874 − 532
   635 − 223   800 − 500
   635 − 200   874 − 530
   635 − 228   874 − 536
   600 − 200   870 − 500
   635 − 220   874 − 576

5 Von schwer nach leicht.
Bilde immer sieben Aufgaben.

a) 427 − 229
b) 656 − 359
c) 734 − 438

6 Vergleiche die Aufgaben. An welcher Stelle ändert sich etwas?

a) 120 − 50   b) 150 − 70   c) 160 − 80   d) 140 − 80   e) 130 − 90
   128 − 50   156 − 70   165 − 80   140 − 83   130 − 98
   128 − 53   156 − 74   165 − 82   142 − 83   132 − 98

... zu schwierigen Aufgaben ⊖

7 Entdeckerpäckchen. Setze fort.

a) 342 – 210 b) 385 – 215 c) 403 – 300 d) 708 – 202 e) 270 – 224
   344 – 214   390 – 220   406 – 304   716 – 204   280 – 234
   346 – 218   395 – 225   409 – 308   724 – 206   290 – 244

8 Auch das sollen Entdeckerpäckchen werden!

a) 800 – 385 b) 428 – 226 c) 606 – 203 d) 330 – 233 e) 285 – 185
   ▨ – ▨   ▨ – ▨   ▨ – ▨   ▨ – ▨   ▨ – ▨
   600 – 395   468 – 230   ▨ – ▨   ▨ – ▨   ▨ – ▨
   500 – ▨   488 – ▨   624 – 212   420 – 242   315 – 155

9 Nutze das Ergebnis der ersten Aufgabe für die zweite Aufgabe.

a) 560 – 430 b) 680 – 450 c) 670 – 330 d) 476 – 300
   562 – 430   686 – 451   675 – 335   476 – 299

e) 460 – 320 f) 580 – 240 g) 430 – 240 h) 367 – 200
   460 – 324   580 – 247   438 – 243   367 – 198

> Ich kann 64 – 38 im Kopf rechnen. Dann kann ich auch 364 – 38 und 364 – 138 rechnen.

10 Rechne wie Jette.

a) 64 – 38   b) 72 – 56
   364 – 38   872 – 56
   364 – 138   872 – 356

c) Bilde selbst ähnliche Päckchen.

11 Welche Aufgaben rechnest du im Kopf?
Bei welchen Aufgaben schreibst du deinen Rechenweg auf?

a) 541 – 300 b) 699 – 230 c) 605 – 207 d) 809 – 350 e) 555 – 333
   460 – 210   823 – 423   607 – 205   876 – 618   423 – 307
   390 – 270   452 – 308   480 – 367   884 – 499   795 – 198

12 Was fällt dir bei den Aufgaben und den Ergebnissen auf?
Notiere.

222 – 210   444 – 321   666 – 432   888 – 543

Das Pascalsche Dreieck

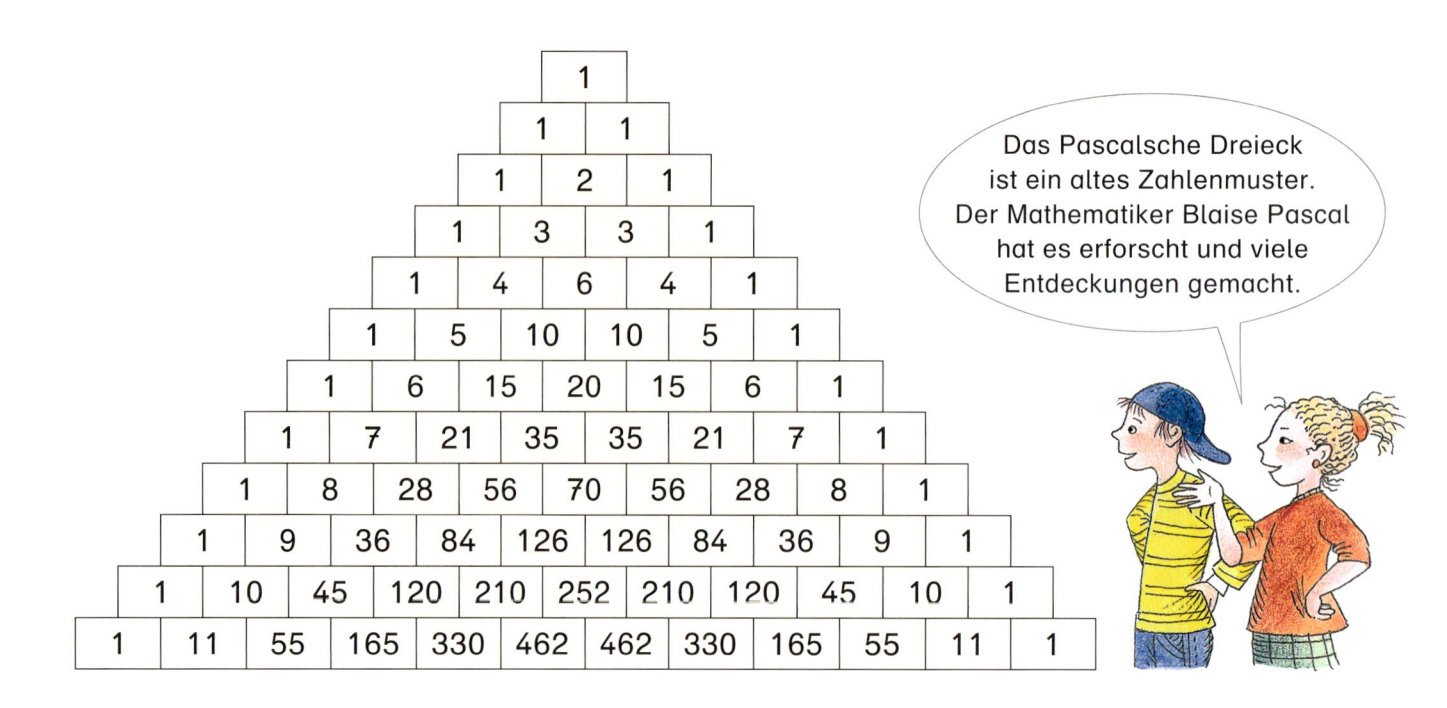

AH S. 36

```
                    1
                  1   1
                1   2   1
              1   3   3   1
            1   4   6   4   1
          1   5  10  10   5   1
        1   6  15  20  15   6   1
      1   7  21  35  35  21   7   1
    1   8  28  56  70  56  28   8   1
  1   9  36  84 126 126  84  36   9   1
1  10  45 120 210 252 210 120  45  10   1
1  11  55 165 330 462 462 330 165  55  11   1
```

Das Pascalsche Dreieck ist ein altes Zahlenmuster. Der Mathematiker Blaise Pascal hat es erforscht und viele Entdeckungen gemacht.

1 Untersuche das Pascalsche Dreieck. Markiere deine Entdeckungen und schreibe sie auf.

2 Schau dir die Entdeckungen deines Partners an.
Kannst du sie erklären?
Frage deinen Partner, wenn du etwas nicht verstehst.

3 Ausschnitte aus dem Zahlendreieck.
Zeichne in dein Heft und ergänze die fehlenden Zahlen.

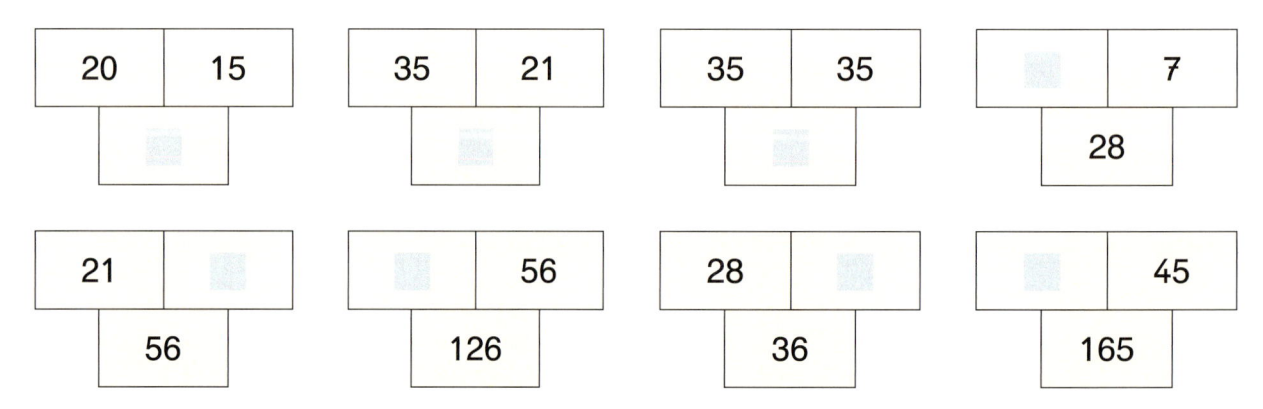

20	15

35	21

35	35

	7
	28

21	
56	

	56
126	

28	
36	

	45
	165

60

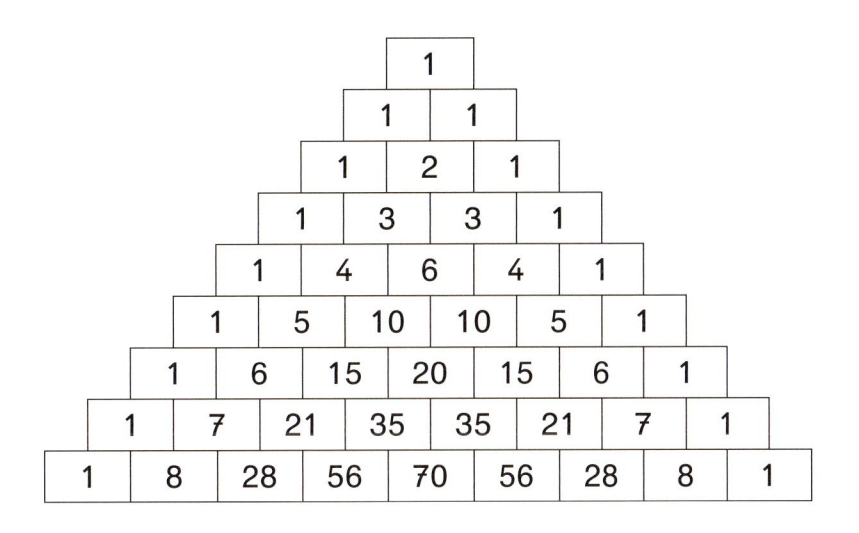

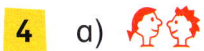

```
                    1
                 1     1
              1     2     1
           1     3     3     1
        1     4     6     4     1
     1     5    10    10     5     1
  1     6    15    20    15     6     1
1    7    21    35    35    21     7    1
1    8   28   56   70   56   28    8    1
```

4 a) Färbt im Pascalschen Dreieck alle Zahlen der Fünferreihe. Was fällt euch auf? Beschreibt das Muster.

b) Färbt im Pascalschen Dreieck alle Zahlen der Dreierreihe. Was fällt euch auf? Beschreibt das Muster.

5 Stellt euch eure Entdeckungen vor. Erklärt den anderen, welche Aufgabe ihr bearbeitet habt und was ihr herausgefunden habt. Findet ihr eine Gemeinsamkeit? Schreibt auf, was euch aufgefallen ist.

6 Addiere im Pascalschen Dreieck jeweils die Zahlen, die in einer Reihe stehen. Wie weit kommst du?

1 + 1 =
1 + 2 + 1 =
1 + 3 + 3 + 1 =
1 + 4 + 6 + 4 + 1 =

Bei den Ergebnissen fällt mir etwas auf!

Diese Zahlen heißen Dreieckszahlen.
Wie geht die Reihe weiter?
Zeichne und schreibe auf.

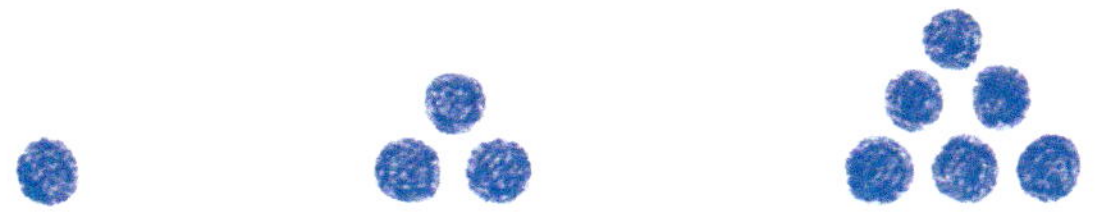

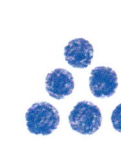

1   1 + 2 = 3   1 + 2 + 3 = 6

Die Dreieckszahlen kenne ich aus dem 2. Schuljahr.

Markiere die Dreieckszahlen im Pascalschen Dreieck?
Was fällt dir auf?

Muster markieren
Diagonale

61

Lustige Rechengeschichten

1 Fredo spielt mit Fips und Frida „Regenschirm-Weitfliegen".
Von einer Startlinie aus lässt er sich vom Wind ein Stück
durch die Luft tragen. Beim ersten Versuch fliegt er 1 m 34 cm.
Fips fliegt 10 cm weniger weit als Fredo.
Frida schafft 2 m 60 cm.
Beim zweiten Versuch fliegt Fredo schon 2 m 70 cm.
Fips schafft 2 m 25 cm und Frida fliegt 1 m und 20 cm weiter
als bei ihrem ersten Versuch.

F1: Wie weit fliegt Frida beim ersten Versuch?
F2: Wie weit fliegt Fips beim ersten Versuch?
F3: Wer macht mit beim Regenschirm-Weitfliegen?
F4: Wie weit fliegt Fredo bei seinem zweiten Versuch?
F5: Wo findet das Regenschirm-Weitfliegen statt?
F6: Wie viele Zentimeter weiter fliegt Fredo bei seinem zweiten Versuch?
F7: Wie viele Zuschauer gibt es?

a) Zu welchen Fragen findest du die Antwort im Text? Beantworte sie.
b) Bei welchen Fragen musst du rechnen? Rechne und schreibe die Antwort auf.
c) Bei welchen Fragen findest du keine Antwort im Text? Notiere die Nummern.
d) Finde weitere Fragen und schreibe sie auf.

2 Vorsicht! Nicht alle Aufgaben sind lösbar.

A Frida singt jeden Morgen vor dem Schlafengehen ein Lied. Dafür braucht sie 5 Minuten. Danach schläft sie 10 Stunden. Wann beginnt sie mit dem Singen?

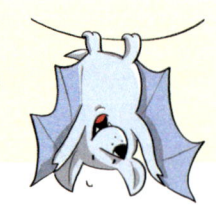

B Fredo und Fips wohnen 200 m voneinander entfernt. Fredo besucht Fips jeden Morgen um 9.00 Uhr und jeden Abend um 18.00 Uhr. Dann spielen sie zusammen. Wie viele Meter läuft Fredo insgesamt jeden Tag bei seinen Besuchen?

C Fips wiegt 9 kg. Er knabbert gerne Knochen. Jeden Tag bekommt er einen neuen Knochen. Wie schwer sind die Knochen, die Fips in einer Woche knabbert?

a) Lies die Aufgaben genau. Welche Aufgabe kannst du lösen?
b) Welche Angaben fehlen dir zum Lösen der anderen beiden Aufgaben?

3 Schau dir die Rechnungen und Antworten an.

$$111 - 63 = 48 \qquad 63 + 48 = 111 \qquad 7 \cdot 9 = 63$$

Jetzt hat Fips
111 Knochen.

Fredo muss noch
48 Seiten lesen.

Frida hat insgesamt
63 Stunden geübt.

a) Überlege: Welche Antwort passt zu welcher Rechnung?
b) Schreibe zu den Antworten passende Rechengeschichten und Fragen.
   Diese Anfänge von Geschichten können dir helfen.

Frida hat eine Woche Zeit, um für das goldene Radfahrabzeichen zu üben. …

Fips hat schon 63 Knochen in seiner Sammlung. …

Fredo hat ein dickes Buch über Nasenbären geschenkt bekommen. …

4 a) Justus, Jette und einige andere Kinder haben sich Rechengeschichten
   mit Fredo, Frida und Fips ausgedacht. Löse mindestens eine Aufgabe.

Frida schläft jeden Tag 10 Stunden.
Wie viele Stunden schläft sie in einer Woche?
Jette

Fredos Haustiere brauchen neue Pantoffeln. Er hat 3 Spinnen, 2 Marienkäfer und 12 Regenwürmer.
Wie viele Pantoffeln muss er kaufen?
Jana

Fredo, Frida und Fips springen gerne zusammen Seil. Das Seil ist 2 Meter lang.
Fips springt 10-mal ohne Pause über das Seil, Fredo schafft
es 3-mal so oft. Frida springt 3 Sprünge mehr
als Fredo. Wie oft ist Frida gesprungen?
Justus

b) Schreibe selbst Rechengeschichten mit Fredo, Frida und Fips auf.
   Gib sie deinem Partner zum Lösen.

Geometrische Körper untersuchen

Würfel

Quader

Pyramide

1 Baue Kantenmodelle von Würfel, Quader und Pyramide.
Bevor du mit dem Bauen beginnst, überlege zuerst, wie viele Strohhalme und Knetkügelchen du brauchst. Sind alle Kanten (Strohhalme) gleich lang?

2 Untersucht und vergleicht eure Kantenmodelle.

Körper	Anzahl der Ecken	Anzahl der Kanten
Würfel		
Quader		
Pyramide		

Kann das sein?

Meine Pyramide hat nur 6 Kanten und 4 Ecken. — Tom

Meine Pyramide hat 8 Kanten und 5 Ecken. — Tim

3 Wie sieht Toms Pyramide aus? Baue sie.
Vergleiche Tims und Toms Pyramide. Was ist gleich? Was ist anders?

4 Justus' Quader hat drei verschiedene Kantenlängen und Jettes nur zwei.
Wer hat welchen Körper gebaut?

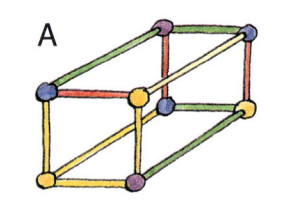

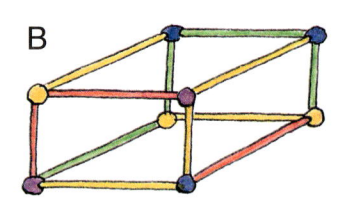

5 Vergleiche Würfel und Quader.
Was ist gleich? Was ist anders?

An der Kante stoßen zwei Flächen aneinander.

Kante — Fläche — Ecke

6 Untersuche diese Körper.

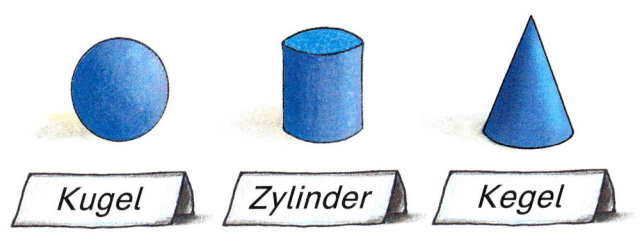

Kugel Zylinder Kegel

Diese Kanten sind nicht gerade. Sie sind gekrümmt.

Körper	Anzahl der Ecken	Anzahl der Kanten
Kugel		
Zylinder		
Kegel		

7 Welcher Körper ist gemeint? Ergänze den Text.

Eine ... hat keine Ecken und Kanten.

Ein ... hat keine Ecken, aber 2 Kanten.

Zu einem Körper gibt es zwei Beschreibungen.

Ein ... hat 8 Ecken und 12 Kanten. Alle 6 Flächen sind Quadrate.

Ein ... hat eine Ecke und eine Kante.

Ein ... hat 8 Ecken und 12 Kanten. Alle 6 Flächen sind Rechtecke.

Eine ... hat 4 oder 5 Flächen.

Ein ... hat 6 Flächen, davon sind 2 Quadrate und 4 Rechtecke.

8 Welchen Körper wollen die Kinder bauen? Immer ein Teil fehlt.

Olli baut ...

Ihm fehlt ...

Würfelnetze

AH S. 40

Schau mal, Jette! Aus diesen Quadraten kann ich einen Würfel bauen.

Toll!

1 Baue einen Würfel wie Justus.

2 Jette und Justus haben noch andere Möglichkeiten gefunden, die Quadrate anzuordnen:

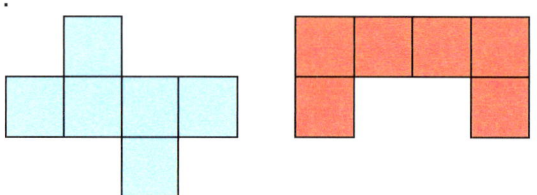

Würfelnetz oder kein Würfelnetz?

Kannst du daraus auch einen Würfel falten? Prüfe nach.

3 a) Findet so viele Würfelnetze wie möglich.

b) Vergleicht eure Würfelnetze und sammelt gleiche Netze auf einem Stapel.

c) Nehmt von jedem Stapel ein Würfelnetz und ordnet diese auf einem Plakat an. Könnt ihr sie so anordnen, dass man sieht, ob ihr alle möglichen Würfelnetze gefunden habt?

4 a) Vergleicht euer Plakat mit den Plakaten der anderen Gruppen.
▶ Haben sie noch andere Würfelnetze gefunden?
▶ Haben sie die gleiche Ordnung wie ihr? Oder eine andere?

b) Wie viele **verschiedene** Würfelnetze gibt es?

5 Warum können dies keine Würfelnetze sein? Begründe.

A   B 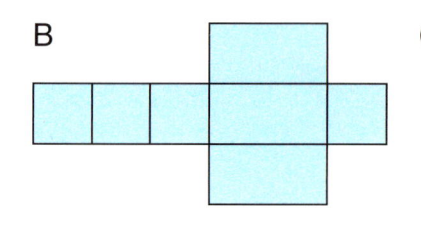   C

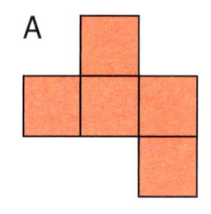

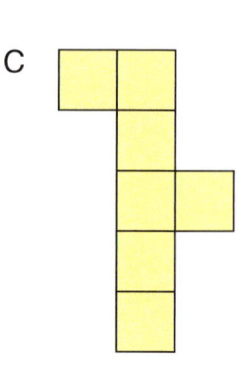

6 Übertrage die Figuren in dein Heft und ergänze sie zu Würfelnetzen.

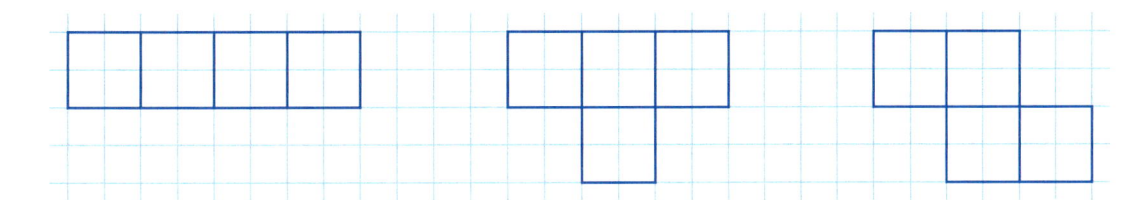

7 Jette hat die Flächen, die sich im Würfel gegenüberliegen, in der gleichen Farbe gefärbt. Bei einigen Würfelnetzen hat sie einen Fehler gemacht.
Übertrage die falsch gefärbten Netze in dein Heft und färbe richtig.

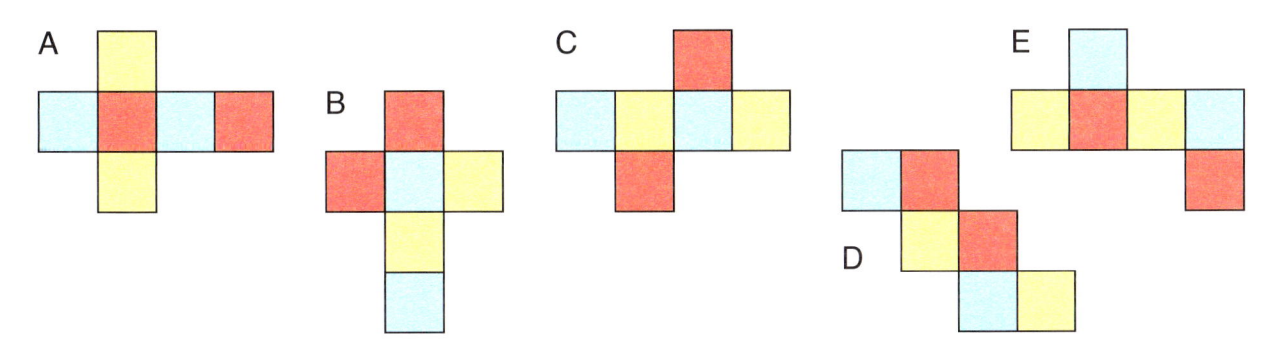

A   B   C   D   E

8 Beim Spielwürfel ergibt die Summe der gegenüberliegenden Seiten immer 7.
Übertrage die Netze in dein Heft. Ergänze die fehlenden Würfelaugen.

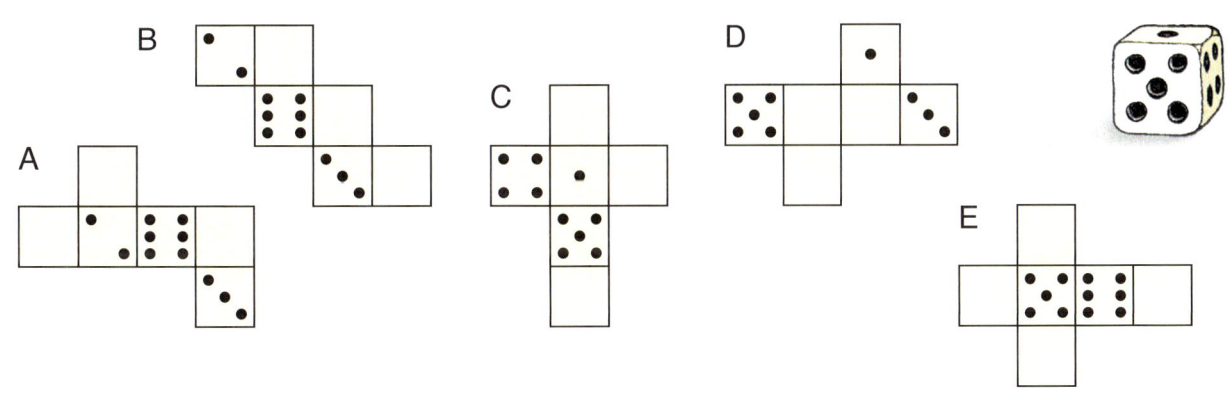

A   B   C   D   E

9 Welche Würfel passen zu diesem Würfelnetz?

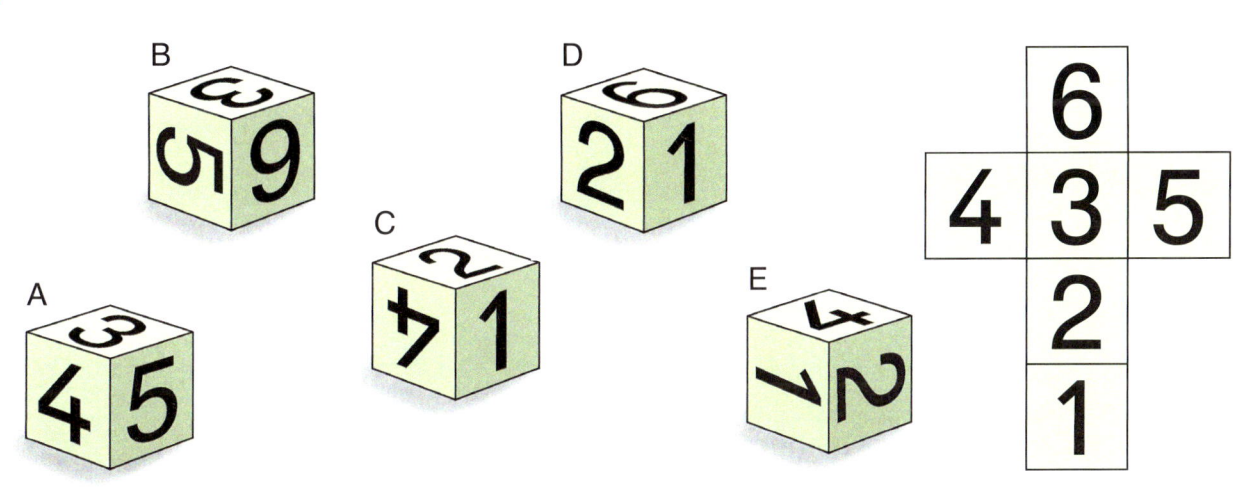

A   B   C   D   E

67

Meter und Zentimeter

AH S. 41

Das Komma trennt Meter und Zentimeter.

2 m 85 cm = 2,85 m

1 a) Wie viele cm ist Justus weiter gesprungen als Jette?

b) Vergleiche deine Sprungweite mit der von Justus und der von Jette.

2 Weitsprungergebnisse

a) Welches Kind ist am weitesten gesprungen, welches am wenigsten weit?

b) Schreibe alle Weiten als Kommazahl.

Anna: 3,21 m

c) Ordne die Weiten der Größe nach.

Weitsprung	
Name	gesprungen
Anna	3 m 21 cm
Ali	2 m 80 cm
Olli	3 m 5 cm
Tim	3 m 25 cm
Jana	2 m 98 cm
Lena	3 m 2 cm

3 Sprungweiten bei Tieren

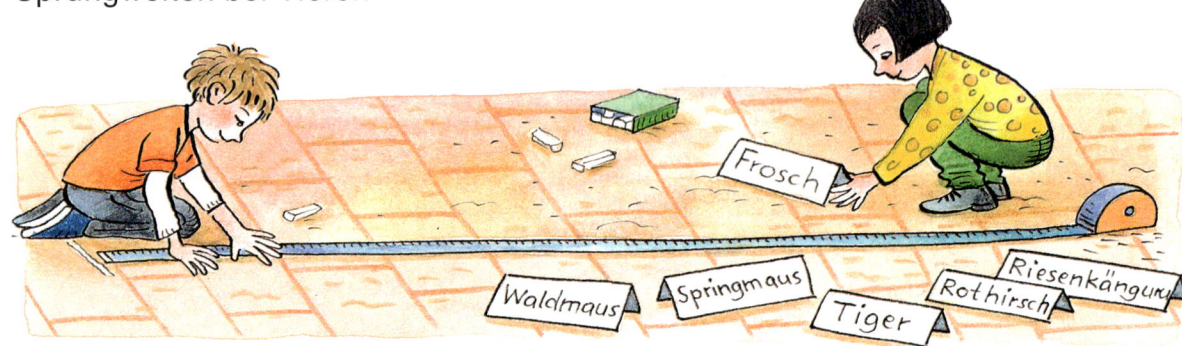

a) Zeichnet die Weiten mit Kreide auf dem Schulhof auf.

b) Schreibe alle Weiten in m und cm.

c) Ordne die Weiten der Größe nach.

d) Welches Tier ist der beste Weitspringer?

Tier	Körpergröße	Sprungweite
Frosch	4,5 cm	1,3 m
Springmaus	8 cm	2,5 m
Waldmaus	9 cm	0,7 m
Tiger	2,4 m	5,5 m
Rothirsch	2,5 m	10,5 m
Riesenkänguru	1,8 m	13,5 m

Zentimeter und Millimeter

AH S. 42

5,5 cm = 55 mm   3 cm = 30 mm

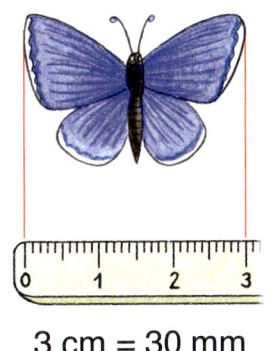

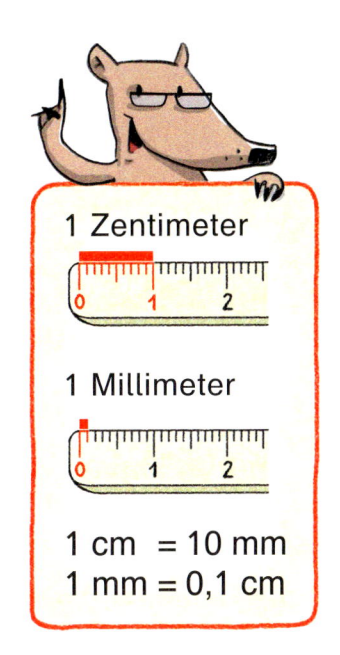

1 Zentimeter

1 Millimeter

1 cm = 10 mm
1 mm = 0,1 cm

1 Welche Spannweite haben die Schmetterlinge? Lies genau ab. Wie groß ist der Unterschied?

2 Wie groß sind die Tiere? Schätze zuerst und miss dann genau. Zeichne die Länge.

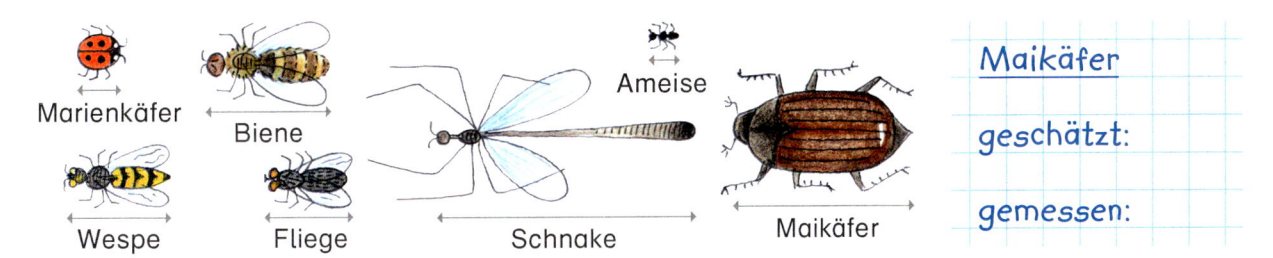

Marienkäfer   Biene   Ameise   Maikäfer
Wespe   Fliege   Schnake

Maikäfer

geschätzt:

gemessen:

3 Zeichne die Strecken. Schreibe in cm und mm.

a) 27 mm   b) 54 mm   c) 40 mm   d) 102 mm

e) 16 mm   f) 61 mm   g) 8 mm   h) 120 mm

4 Schreibe in mm.

a) 3 cm 4 mm   b) 10 cm 1 mm   c) 15 cm   d) 55 cm

e) 2 cm 7 mm   f) 8 cm 5 mm   g) 30 cm   h) 70 cm

5 Welche Raupe hat den längsten Weg? Schätze zuerst und miss dann.

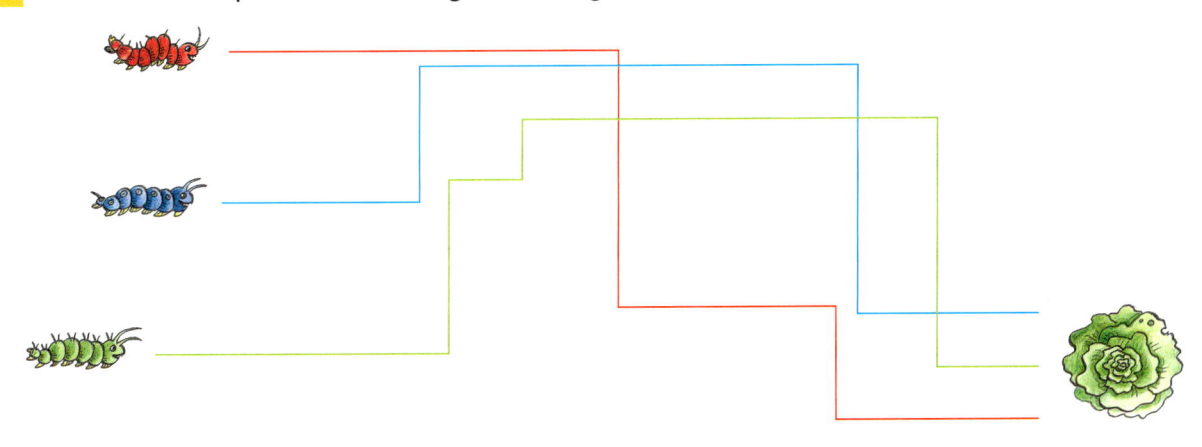

69

Rechnen mit Längen

AH S. 43

1 Schreibe in m und cm.

a) 3,45 m b) 2,60 m c) 7,07 m d) 4,03 m

e) 2,75 m f) 6,80 m g) 7,70 m h) 3,40 m

2 Schreibe mit Komma. 250 cm = 2,50 m

a) 247 cm b) 909 cm c) 75 cm d) 5 cm

e) 555 cm f) 750 cm g) 705 cm h) 1000 cm

3 Schreibe mit Komma. 3 m 13 cm = 3,13 m

a) 7 m 16 cm b) 5 m 98 cm c) 8 m 30 cm d) 1 m 3 cm

e) 9 m 9 cm f) 9 m 90 cm g) 10 m 10 cm h) 10 m 1 cm

4 Setze richtig ein: >, <, =.

a) 163 cm ○ 1,60 m b) 1 m 5 cm ○ 1,50 m c) 3,05 m ○ 350 cm
   85 cm ○ 8,05 m   3 m 90 cm ○ 3,09 m   7,50 m ○ 750 cm
   100 cm ○ 0,10 m   2 m 13 cm ○ 2,13 m   1,70 m ○ 170 cm

5 Ergänze auf einen Meter. a) 0,33 m + 0,67 m = 1 m

a) 0,33 m b) 0,74 m c) 0,05 m d) 0,40 m

e) 0,44 m f) 0,09 m g) 0,51 m h) 0,04 m

6 Rechne.

a) 6,50 m + 0,25 m b) 1,70 m + 3,15 m c) 3,20 m + 2,22 m

d) 7,63 m − 1,50 m e) 1,50 m − 0,35 m f) 6,88 m − 0,79 m

7 Tobi möchte aus diesen Bauteilen Stangen zusammenstecken, die 50 cm lang sind. Jedes Bauteil ist mehrfach vorhanden. Finde verschiedene Möglichkeiten.

6 cm   5,5 cm   4,5 cm   8 cm   12 cm

8 Wie lang sind diese Dinge in Wirklichkeit? Ordne richtig zu.

| 12 mm | 15,5 m | 1,5 m | 45 cm | 12 cm | 5 m |

9 Kann das stimmen?

a) Dieses Schulhaus ist höher als 10 m.

b) Du bist jetzt mehr als doppelt so groß wie bei deiner Geburt.

c) In einem Monat verbrauchst du mehr als einen Meter Zahnpasta.

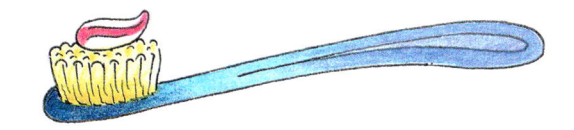

d) Eine Elefantenparade mit fünf Elefanten ist insgesamt kürzer als 20 Meter.

Flächen vergleichen

AH S. 44

Erst spanne ich eine Figur auf dem Geobrett.

Dann übertrage ich die Figur auf ein Punktefeld.

Zum Schluss male ich die Fläche aus.

1 Spanne Figuren auf dem Geobrett. Übertrage sie auf ein Punktefeld. Male jeweils die Fläche aus.

Fläche zerlegen
Einheitsquadrate EQ
Einheitsdreiecke ED

2 Jette und Justus vergleichen ihre gespannten Figuren.

Meine Figur ist größer.

Bist du sicher?

Hat Justus recht? Wie kannst du das nachprüfen?

3 a) Aus wie vielen Einheitsquadraten (EQ) bestehen die Figuren?

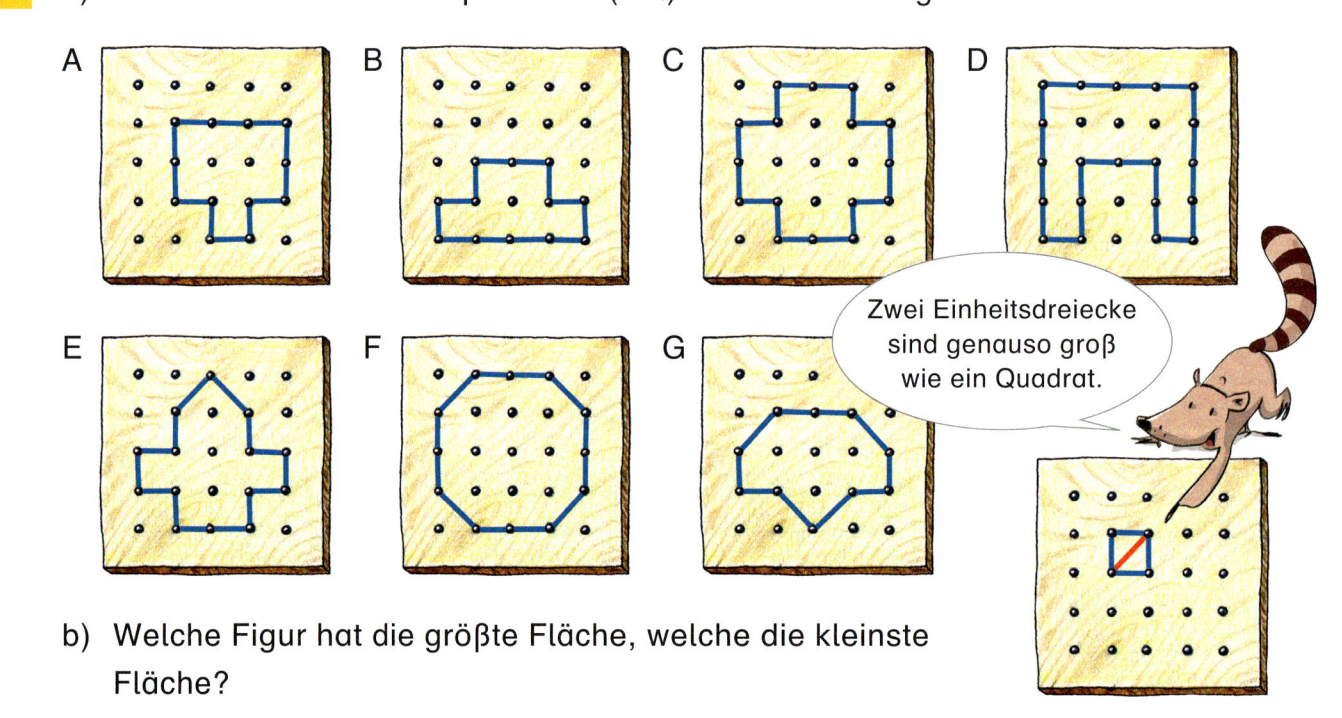

A   B   C   D

E   F   G

Zwei Einheitsdreiecke sind genauso groß wie ein Quadrat.

b) Welche Figur hat die größte Fläche, welche die kleinste Fläche?

4 Spanne und zeichne Figuren, die die gleiche Fläche haben wie dieses Quadrat.
Zeichne sie auf ein Punktefeld.

5 Spanne Figuren, deren Flächen aus genau fünf Einheitsquadraten bestehen.
Zeichne sie auf ein Punktefeld.
Wie viele verschiedene Figuren findest du?

6 Immer zwei Figuren haben eine gleich große Fläche. Finde heraus, welche.

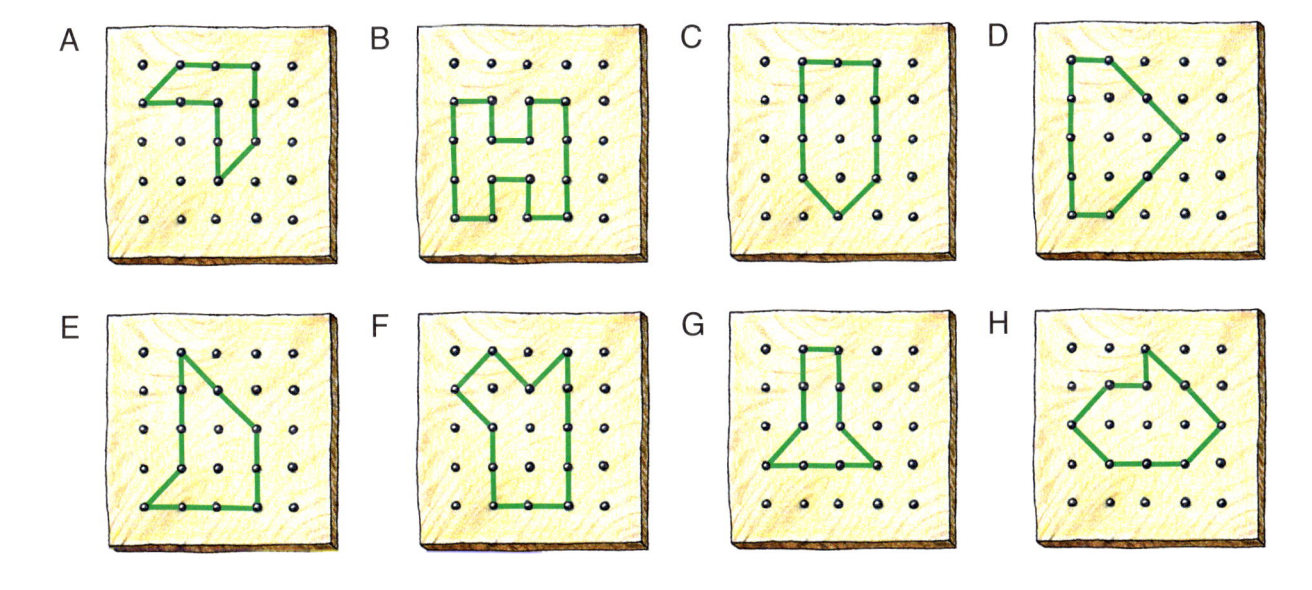

A   B   C   D

E   F   G   H

7 Spanne und zeichne Figuren, die die gleiche Fläche haben wie dieses Dreieck.
Zeichne sie auf ein Punktefeld.

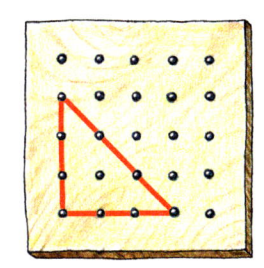

8 Welche Figur hat die größte Fläche?

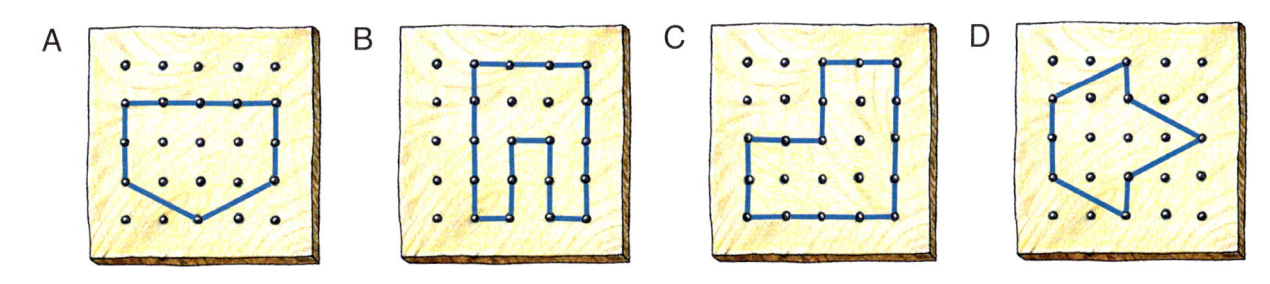

A   B   C   D

Tageslängen ...

AH S. 45

Im **OSTEN** geht die Sonne auf.
Im **SÜDEN** nimmt sie ihren Lauf.
Im **WESTEN** wird sie untergehen.
Im **NORDEN** ist sie nie zu sehen.

1 Erzähle.

2 Die Zeiten für Sonnenaufgang (SA) und Sonnenuntergang (SU) werden oft auch auf einem Kalender angegeben. Justus und Jette haben berechnet, wie viel Zeit zwischen SA und SU liegt.

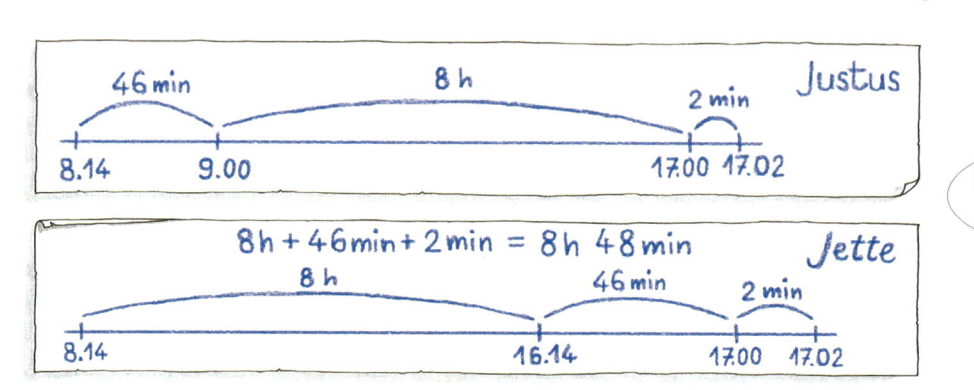

Januar **21**
SA 8.14
SU 17.02

Justus: 46 min | 8 h | 2 min — 8.14 – 9.00 – 17.00 – 17.02

Jette: 8h + 46min + 2min = 8h 48min
8 h | 46 min | 2 min — 8.14 – 16.14 – 17.00 – 17.02

Manchmal verdecken Wolken die Sonne.

Erkläre, wie Justus und Jette gerechnet haben. Wie rechnest du?

3
Januar **1** — SA 8.25 / SU 16.35
Januar **14** — SA 8.20 / SU 16.51

4
März **10** — SA 6.51 / SU 18.23
Mai **10** — SA 5.48 / SU 20.59
Juli **10** — SA 5.28 / SU 21.35

Wie viel Zeit vergeht zwischen Sonnenaufgang (SA) und Sonnenuntergang (SU)?

... und Jahreszeiten

5 a) Vermute: In welchem Monat ist die Zeitspanne zwischen SA und SU am längsten? In welchem Monat ist sie am kürzesten?

b) Berechne für die angegebenen Tage. Stimmt deine Vermutung?

Februar 21	März 21	April 21	Mai 21	Juni 21	Juli 21
SA 7.26 SU 17.55	SA 6.27 SU 18.41	SA 6.22 SU 20.29	SA 5.33 SU 21.14	SA 5.17 SU 21.40	SA 5.40 SU 21.24

August 21	September 21	Oktober 21	November 21	Dezember 21
SA 6.24 SU 20.34	SA 7.11 SU 19.27	SA 7.58 SU 18.24	SA 7.49 SU 16.35	SA 8.22 SU 16.26

Diese Zeiten gelten für Frankfurt a. M. Beachte: Von April bis Oktober ist Sommerzeit.

c) Ordne diese Schilder den entsprechenden Kalendertagen zu.

längste Nacht – kürzester Tag   *längster Tag – kürzeste Nacht*

d) Wann sind Tag und Nacht ungefähr gleich lang?

6 In welchem Monat bist du geboren? Wie lange scheint die Sonne ungefähr an deinem Geburtstag?

Scheint die Sonne am selben Tag überall gleich lang?

7 a) Betrachtet die Zeiten für SA und SU in den beiden Städten. Berechne die Zeitspannen zwischen SA und SU.

b) Vergleicht auch mit den Zeiten aus Frankfurt (Aufgabe 5).

Datum	Stadt	SA	SU
21.6.	Bremen	05.00 Uhr	21.56 Uhr
	Stuttgart	05.22 Uhr	21.29 Uhr
21.12.	Bremen	08.37 Uhr	16.11 Uhr
	Stuttgart	08.12 Uhr	16.31 Uhr

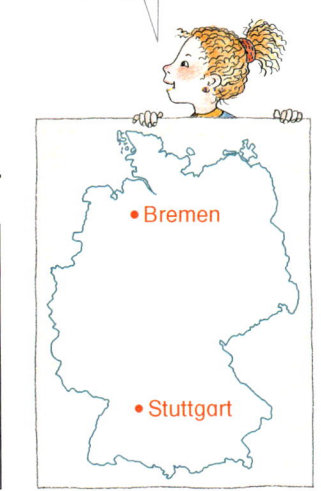

8 Suche diese Städte auf einer Europakarte. Vergleiche die Zeitspannen zwischen SA und SU mit denen der Städte in Deutschland.

Datum	Stadt	SA	SU
21.6.	Stockholm (Schweden)	03.32 Uhr	22.07 Uhr
	Marseille (Frankreich)	05.59 Uhr	21.22 Uhr
21.12.	Stockholm (Schweden)	08.42 Uhr	14.50 Uhr
	Marseille (Frankreich)	08.08 Uhr	17.07 Uhr

Bildschirmzeit – Bewegungszeit

Zu viel Fernsehen schadet der Gesundheit

Forscher empfehlen, dass Kinder zwischen 9 und 13 Jahren höchstens **90 Minuten am Tag** vor dem Bildschirm verbringen sollten. Insgesamt sollten Kinder nicht länger als 5 Stunden in der Woche vor dem Bildschirm sitzen.

Die tägliche Bewegungsstunde

Eltern achten bei ihren Kindern oftmals zu wenig auf genügend Bewegung. Kinder sitzen manchmal stundenlang vor dem Computer oder Fernseher. Dabei empfehlen Ärzte **mindestens eine Stunde** spielerische oder körperliche **Bewegung am Tag**, denn das fördert die körperliche Fitness und die Konzentrationsfähigkeit.

1 Was erfährst du aus den beiden Zeitungsartikeln?

2 Wann bewegst du dich am Tag? Überlege mit deinem Partner. Schreibe auf.

Wenn ich schreibe, bewege ich meinen Arm. Zählt das auch?

Schulweg, Hofpause, ...

3 Jette und Justus haben eine Woche lang ihre Bewegungszeiten aufgeschrieben und ein Säulendiagramm gezeichnet. Was könnt ihr daraus alles ablesen?

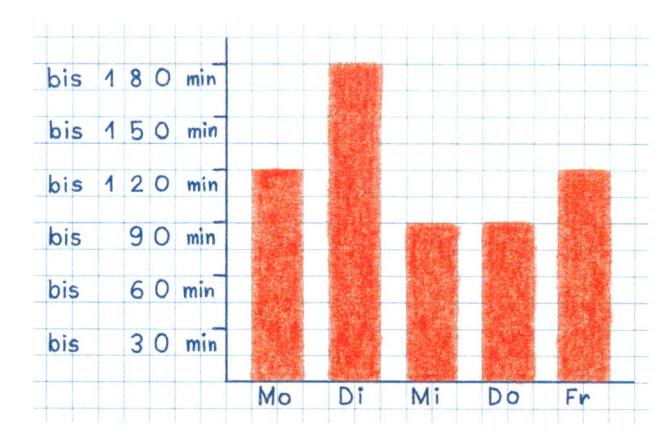

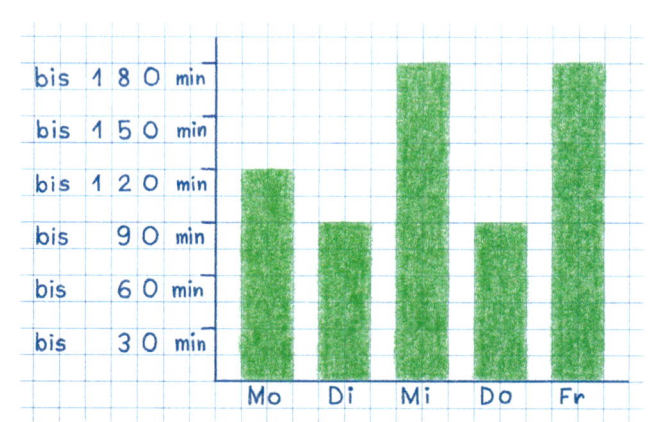

Einmal in der Woche gehe ich zum Tanzen. Das Tanztraining dauert 90 Minuten.

Zweimal in der Woche habe ich Fußballtraining. Wir trainieren jedes Mal zwei Stunden.

4 Notiere eine Woche lang jeden Tag wie lange du dich ungefähr bewegt hast. Erstelle ein Säulendiagramm wie Justus und Jette. Vergleicht eure Diagramme.

Kinderkanal	
13.00 Uhr	Garfield
13.25 Uhr	Tupu
13.40 Uhr	1, 2 oder 3
14.05 Uhr	Tigerentenclub
15.05 Uhr	Tigerentenclub Xtra
15.30 Uhr	Karen in Action
15.55 Uhr	Schloss Einstein
16.20 Uhr	Schloss Einstein

5 Wie lange dauern die Sendungen?
 a) 1, 2 oder 3
 b) Tigerentenclub Xtra
 c) Karen in Action
 d) Schloss Einstein

6 Justus schaut samstags oft „Tupu", „1, 2 oder 3" und den „Tigerentenclub". Wie viele Minuten schaut er dann fern?

7 Welche Sendungen könnte Justus anschauen, sodass er nicht mehr als 90 Minuten fernsieht? Es gibt verschiedene Möglichkeiten. Schreibe auf.

8 a) Suche im aktuellen Fernsehprogramm Sendungen heraus, die du am Samstag gerne schaust. Notiere den Anfangszeitpunkt und den Endzeitpunkt jeder Sendung und schreibe in dein Heft. Berechne, wie lange die Sendungen dauern.

Sendung	Anfangszeitpunkt	Endzeitpunkt	Dauer

b) Kinder sollen nicht mehr als 90 Minuten am Tag fernsehen oder Computer spielen. Schreibe deinen Wunschplan für eine Woche auf und überprüfe die Zeit. Insgesamt sollen es nicht mehr als 5 Stunden sein.

9 Erstelle ein Fernsehprogramm für Tim.
Zu diesen Zeiten kann Tim nicht fernsehen:
▶ Frühstück mit der Familie: 9.00 Uhr bis 9.30 Uhr
▶ Fußball spielen (mit Hin- und Rückweg): 14.30 Uhr bis 17.00 Uhr
▶ gemeinsames Abendessen mit der Familie: ab 18.00 Uhr
Nach dem Abendessen darf er kein Fernsehen mehr schauen.

5 Stunden sind 300 Minuten.

Sendung	Anfangszeitpunkt	Endzeitpunkt	Dauer
Gesamtdauer des Fernsehprogramms			

Schriftliches Addieren

AH S. 46

Setz dieselben Zahlen, welche du summieren willst untereinander. Danach hebe zuförderst an, gegen der rechten Hand, summier zusammen die ersten Ziffern und setz sie darunter.

```
   3 5 1
 + 2 7 4
     1
   6 2 5
```

Adam Ries war ein Rechenmeister, der von 1492 bis 1559 lebte. Er hat die schriftliche Addition erfunden.

1 Vergleiche die beiden Rechenwege.
Wie unterscheiden sie sich?
Tausche dich mit deinem Nachbarn aus.

Jana rechnet: $300 + 200 = 500$
$50 + 70 = 120$
$1 + 4 = 5$

2 Wo kommt die kleine 1 her? Erkläre.

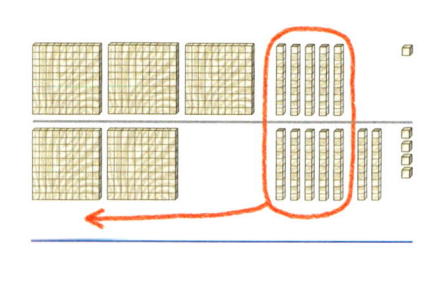

H	Z	E
3	5	1
+2	7	4
Übertrag 1		
		5

Wechsle 10 Z in 1 H.
Übertrage 1.

Beim schriftlichen Addieren beginnt man mit den Einern.

```
   3 5 1
 + 2 7 4
     1
   6 2 5
```

1 E + 4 E = 5 E, schreibe 5.
5 Z + 7 Z = 12 Z, schreibe 2, übertrage 1.
3 H + 2 H + 1 H = 6, schreibe 6.

Was wäre, wenn ich mit den Hundertern beginnen würde?

Ich rechne lieber von unten nach oben.
4 E plus 1 E gleich 5 E …

3 Musst du wechseln? Denke an den Übertrag.

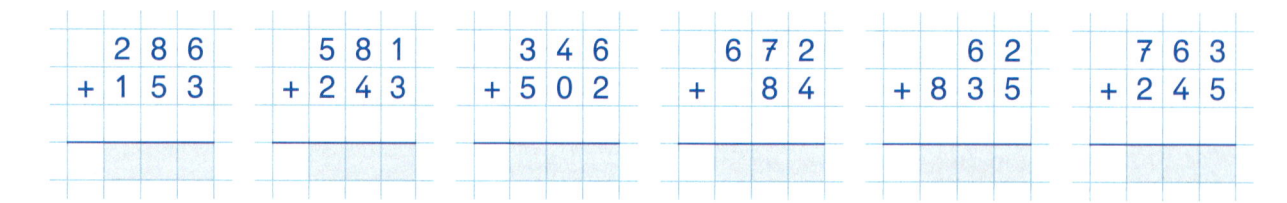

```
   2 8 6        5 8 1        3 4 6        6 7 2          6 2        7 6 3
 + 1 5 3      + 2 4 3      + 5 0 2      +   8 4      + 8 3 5      + 2 4 5
```

◼ Lege mit den Ziffernkarten zwei dreistellige Zahlen.
Schreibe die Zahlen untereinander und addiere sie.

| 1 | 2 | 3 | 4 | 5 | 6 |

a) Es soll nicht gewechselt werden.
b) Es soll bei den Zehnern gewechselt werden.

4 An welcher Stelle musst du wechseln? Erkennst du das, bevor du rechnest?

```
  6 1 8        3 0 7        8 6 3        1 8 7
+ 2 4 9      + 4 5 9      +   9 4      + 5 3 4
```

Addition
wechseln
Übertrag
stellengerecht

5 Schreibe stellengerecht untereinander und addiere.

a) 546 + 132
328 + 647
153 + 86
680 + 295

b) 95 + 475
498 + 213
806 + 98
73 + 937

c) 403 + 128 + 265
361 + 43 + 125
68 + 306 + 521
321 + 607 + 72

Stellengerecht untereinander:
Hunderter unter Hunderter
Zehner unter Zehner
Einer unter Einer

6 Findest du Aufgaben, bei denen der Übertrag größer als 1 ist?

7 Bei welchen Aufgaben findest du Fehler? Welche Fehler wurden gemacht? Notiere.

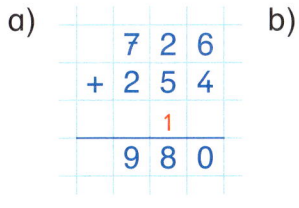

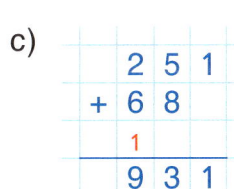

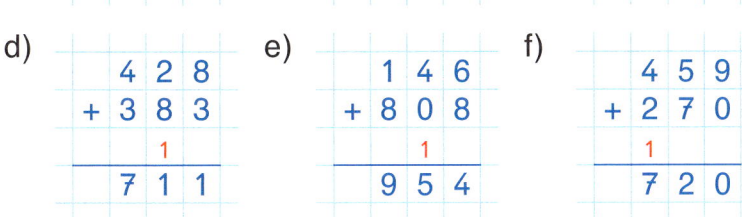

a)
```
  7 2 6
+ 2 5 4
    1
  9 8 0
```

b)
```
  5 0 7
+ 1 7 8
  6 7 5
```

c)
```
  2 5 1
+   6 8
    1
  9 3 1
```

Diese Beschreibungen können helfen:

Übertrag vergessen

d)
```
  4 2 8
+ 3 8 3
    1
  7 1 1
```

e)
```
  1 4 6
+ 8 0 8
    1
  9 5 4
```

f)
```
  4 5 9
+ 2 7 0
    1
  7 2 0
```

falsch untereinandergeschrieben

Rechenfehler

Schreibe falsch berechnete Aufgaben ins Heft und rechne sie richtig.

Lege mit den Ziffernkarten Plusaufgaben mit zwei dreistelligen Zahlen. Notiere sie im Heft und rechne.

1 2 3 4 5 6 7 8 9

a) Lege Aufgaben mit einem oder zwei Überträgen.
b) Lege Aufgaben mit zwei Überträgen.
c) Lege eine Aufgabe, vertausche zwei Ziffernkarten. Das Ergebnis soll gleich bleiben.

79

Addieren üben

AH S. 47

im Kopf
- 310 + 420
- 395 + 495
- 222 + 444
- 358 + 174
- 601 + 347
- 387 + 149
- 567 + 199
- 346 + 185

schriftlich
- 675 + 278

1 a) Was meinst du? Für welche Seite entscheidet sich Jette? Begründe.

b) Wie würdest du dich entscheiden? Ordne die Aufgaben und rechne.

im Kopf	schriftlich
3 1 0 + 4 2 0 =	6 7 5 + 2 7 8

2 Im Kopf oder schriftlich? Ordne und rechne.

a) 549 + 250   b) 378 + 496   c) 726 + 148   d) 340 + 270   e) 456 + 123

f) 684 + 37   g) 409 + 199   h) 666 + 333   i) 129 + 583   j) 280 + 65

3 Wie geht es weiter? Rechne bis zum Ergebnis 1000.

```
  762      763      764      765      766      767
+ 211    + 212    + 214    + 217    + 221    +
_____   _____   _____   _____   _____   _____
```
...

Oben immer + 1, und unten?

4 Bilde Plusaufgaben.

a) Die Ergebnisse sollen kleiner als 500 sein.

b) Die Ergebnisse sollen zwischen 600 und 1000 liegen.

234   765   193   397   138   478   125

5 Wie geht es weiter? Ergänze die Aufgaben und rechne.

```
  574      575      576
+ 414    +        +        +        +
_____   _____   _____   _____   _____
                                     1000
```

... mit Kommazahlen – Überschlag

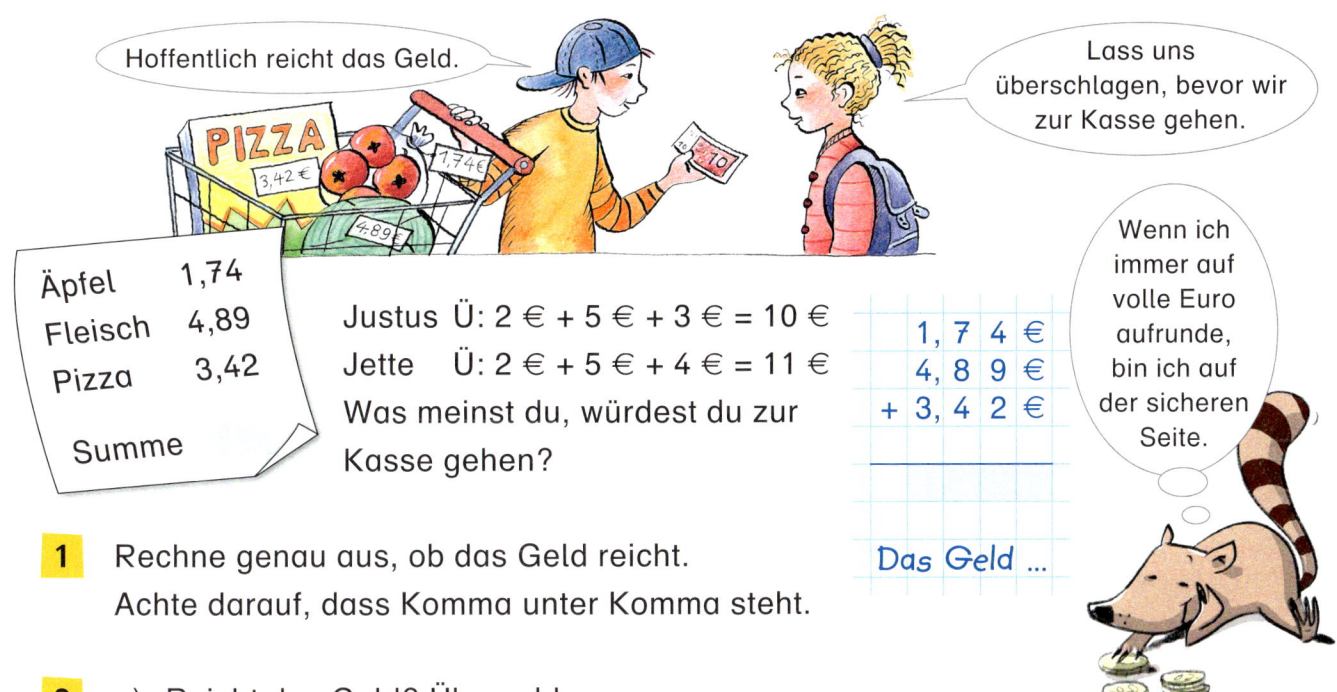

Hoffentlich reicht das Geld.

Lass uns überschlagen, bevor wir zur Kasse gehen.

Äpfel	1,74
Fleisch	4,89
Pizza	3,42
Summe	

Justus Ü: 2 € + 5 € + 3 € = 10 €
Jette Ü: 2 € + 5 € + 4 € = 11 €
Was meinst du, würdest du zur Kasse gehen?

```
  1, 7 4 €
  4, 8 9 €
+ 3, 4 2 €
----------
```

Das Geld ...

Wenn ich immer auf volle Euro aufrunde, bin ich auf der sicheren Seite.

1 Rechne genau aus, ob das Geld reicht. Achte darauf, dass Komma unter Komma steht.

2 a) Reicht das Geld? Überschlage.

Pia hat 10 €.	Tim hat 15 €.	Ali hat 20 €.	Jan hat 15 €.	Tom hat 20 €.
1,78 €	5,37 €	4,86 €	7,78 €	2,78 €
4,55 €	6,84 €	12,65 €	5,26 €	11,55 €
3,89 €	1,76 €	2,78 €	1,85 €	3,65 €

b) Wenn der Überschlag größer ist als das zur Verfügung stehende Geld, rechne dann genau.

Melone 2,35 € · Tomaten 1 kg 2,57 € · Orangen 1 kg 3,98 € · Brot 2,15 € · Müsli 3,76 € · Milch 0,89 € · Schoko 0,75 € · Saft 1,39 €

3 Was könntest du für 5 Euro einkaufen? Überschlage und rechne genau. Finde drei verschiedene Möglichkeiten.

4 Was könntest du für 10 Euro einkaufen? Überschlage und rechne genau. Finde drei verschiedene Möglichkeiten.

5 Du hast 20 Euro. Kannst du alle abgebildeten Lebensmittel einkaufen? Überschlage und rechne genau.

6 Jette bezahlt an der Kasse 9,37 €. Welche vier Lebensmittel hat sie eingekauft?

1. Melone
2. Brot
...

Verschiedene Vierecke

AH S. 50

Faltlinie
Mittellinie
Diagonale
Seite

1 Falte drei Quadrate so und zerschneide sie entlang der Linien.

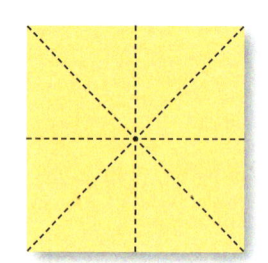

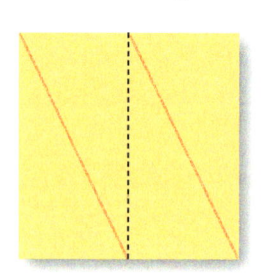

2 a) Setzt mit den ausgeschnittenen Dreiecken verschiedene Vierecke zusammen.
b) Klebt die zusammengesetzten Vierecke auf Papier und schneidet sie dann aus.
c) Überlegt, wie ihr die Vierecke sortieren könnt.
d) Wie viele verschiedene Vierecke habt ihr gefunden?

So nicht!

3 Schreibt Namensschilder und ordnet eure ausgeschnittenen Vierecke dem passenden Schild zu.

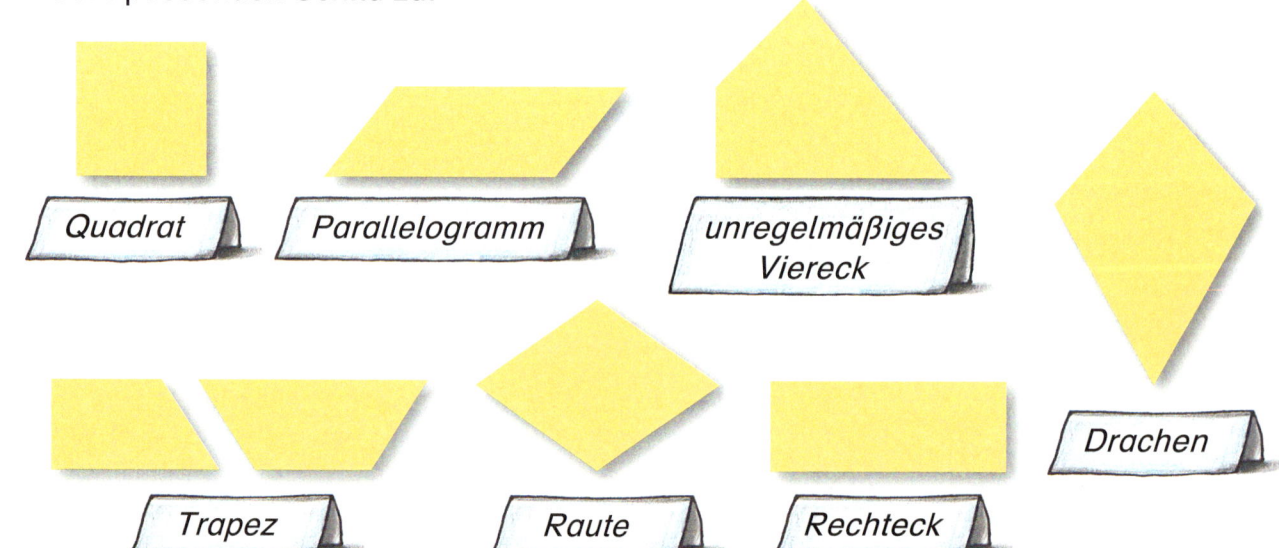

Quadrat   Parallelogramm   unregelmäßiges Viereck   Drachen

Trapez   Raute   Rechteck

4 Untersuche die Vierecke.
Welche passen zu den Beschreibungen?

a) Bei mir sind alle vier Seiten gleich lang.

> gegenüberliegende Seiten
>
> angrenzende Seiten

b) Bei mir sind alle vier Seiten unterschiedlich lang.

c) Bei mir sind zwei gegenüberliegende Seiten gleich lang. Die anderen beiden Seiten aber nicht.

d) Bei mir sind zwei gegenüberliegende Seiten gleich lang. Die anderen beiden Seiten auch. Aber es sind nicht alle vier Seiten gleich lang.

e) Bei mir sind zwei angrenzende Seiten gleich lang. Die anderen beiden auch. Aber es sind nicht alle vier Seiten gleich lang.

5 Spanne die verschiedenen Vierecke am Geobrett und zeichne sie.

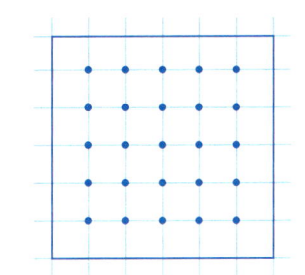

6 a) Spanne am Geobrett dieses Quadrat. Verwandle das Quadrat in ein Trapez. Zeichne.

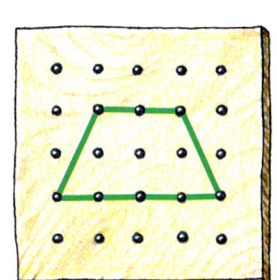

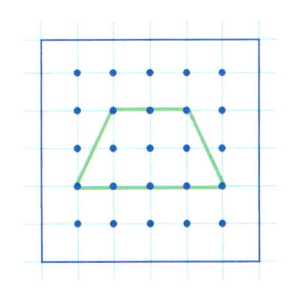

b) Spanne am Geobrett immer zuerst dieses Quadrat.
Verwandle es …

… in ein Rechteck.

… in ein Parallelogramm.

… in eine Raute.

… in einen Drachen.

… in ein unregelmäßiges Viereck.

Zeichne die entstandenen Vierecke.

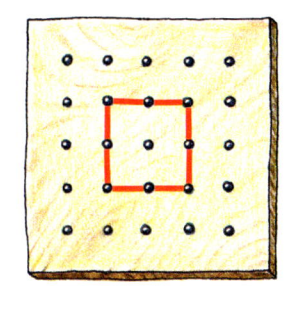

83

Senkrecht zueinander

1 Reiße von einem Blatt Papier ein Stück ab und falte es so:

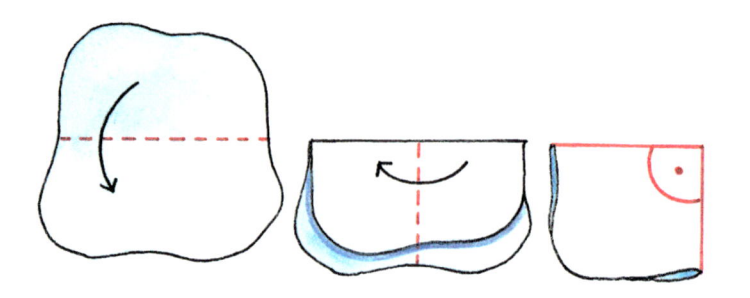

Du erhältst zwei gerade Linien, die senkrecht zueinander stehen. Sie bilden einen rechten Winkel. Mit diesem Faltwinkel kannst du prüfen, ob zwei gerade Linien senkrecht zueinander sind.

2 a) Bei welchem Viereck findest du rechte Winkel? Prüfe mit dem Faltwinkel.

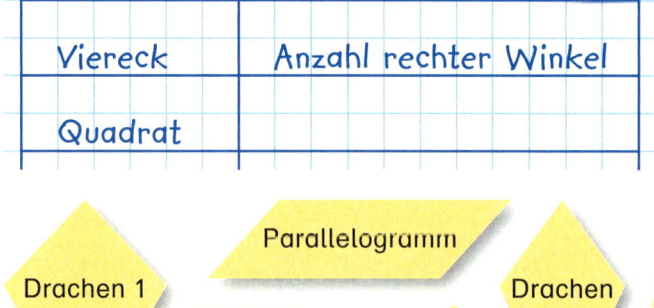

senkrecht zueinander
rechter Winkel
gerade Linie
parallel zueinander

Viereck	Anzahl rechter Winkel
Quadrat	

Drachen 1, Parallelogramm, Raute, Viereck 1 (unregelmäßig), Drachen 2, Viereck 2 (unregelmäßig), Trapez 1, Rechteck, Quadrat, Trapez 2

b) Bei welchen Vierecken findest du keine rechten Winkel?

3 a) Suche im Klassenzimmer rechte Winkel. Prüfe mit dem Faltwinkel. Schreibe auf, welche Gegenstände rechte Winkel haben.
b) Warum ist das so?

4 Zeichne ab und ergänze.

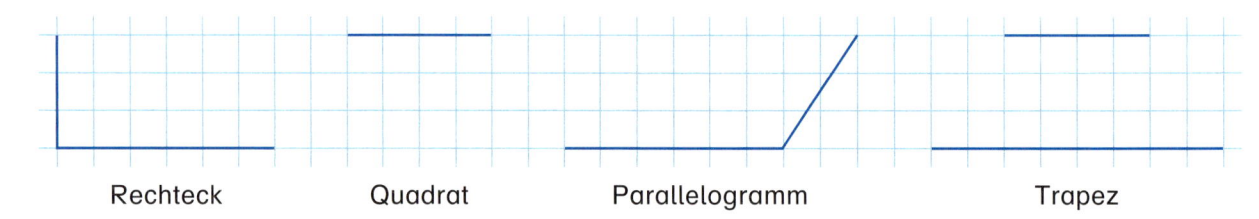

Rechteck Quadrat Parallelogramm Trapez

5 Zeichne ab und ergänze.

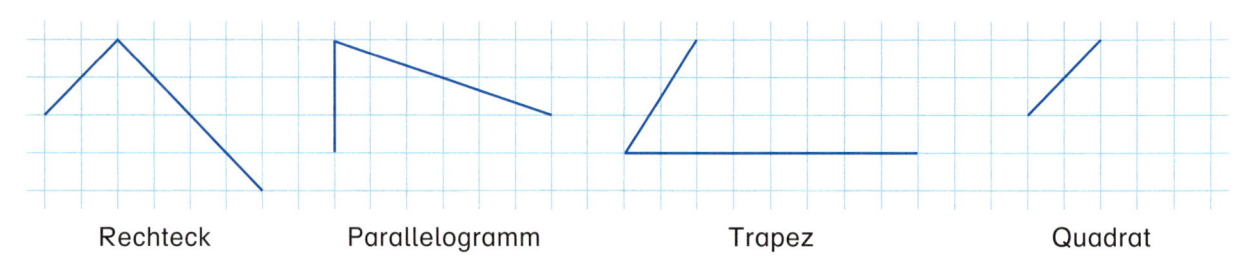

Rechteck Parallelogramm Trapez Quadrat

Parallel zueinander

1 Nimm deinen Faltwinkel und falte ihn auseinander.

Falte die untere Seite so wie im Bild.

Falte deinen Faltwinkel wieder auseinander. Diese Linien sind parallel zueinander.

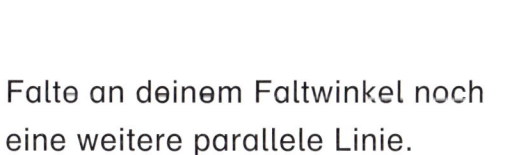

Falte an deinem Faltwinkel noch eine weitere parallele Linie.

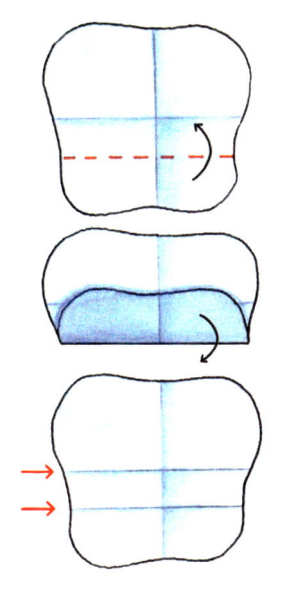

2 a) Bei welchen Vierecken findest du parallele Linien?
Zeichne ab und ziehe parallele Linien mit derselben Farbe nach.

Rechteck   Quadrat   Trapez   Drachen   Viereck (unregelmäßig)   Parallelogramm

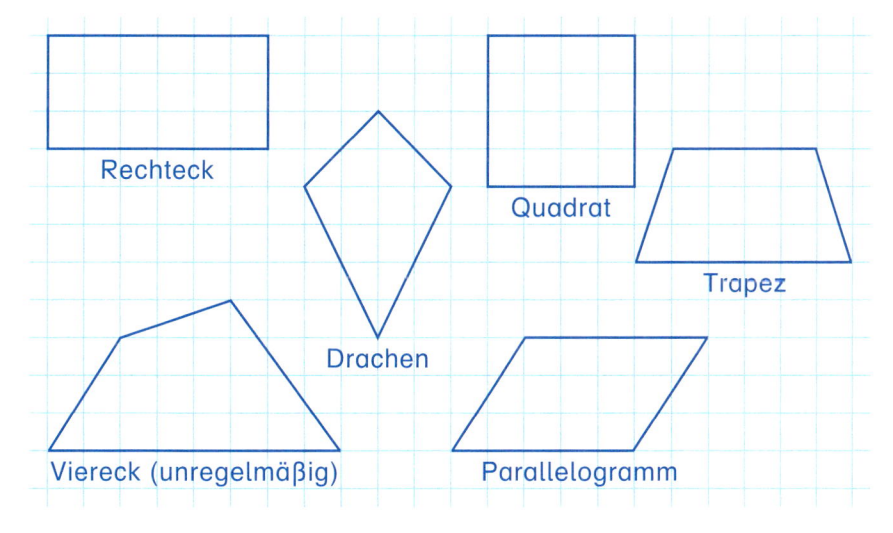

b) Bei welchen Vierecken findest du keine parallelen Linien? Schreibe auf.

3

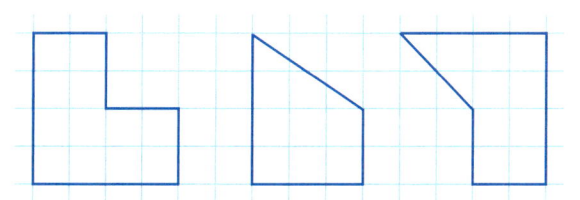

4

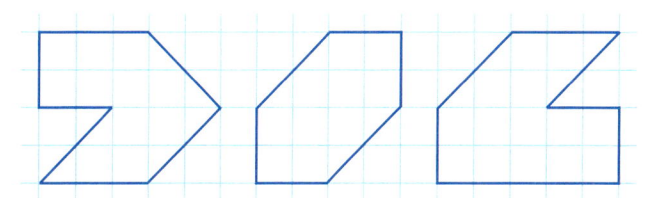

Zeichne ab und ziehe parallele Linien mit derselben Farbe nach.

85

Meter und Kilometer

AH S. 51

> 1 Kilometer = 1000 Meter
> 1 km = 1000 m

1 Messt von eurer Schule aus einen Kilometer ab.

a) Schätzt zuerst, wie weit ihr kommt.
b) Messt wie die Kinder im Bild auf verschiedene Weise und vergleicht eure Ergebnisse.
c) Geht den gleichen Weg zurück und stoppt dabei die Zeit.

2 Wie viele Kilometer wurden zurückgelegt?

a) Ich schaffe in einer Stunde 4 km.

Zeit	Strecke
1 h	4 km
30 min	
15 min	
1 h 30 min	
2 h 45 min	

b) Ich schaffe in einer Stunde 15 km.

Zeit	Strecke
1 h	15 km
20 min	
40 min	
1 h 20 min	
2 h 40 min	

3 Ergänze auf 1 Kilometer.

a) 360 m, 780 m, 410 m, 830 m, 550 m, 660 m
b) 675 m, 113 m, 845 m, 928 m, 792 m, 293 m
c) 405 m, 902 m, 808 m, 88 m, 601 m, 73 m

a) 360 m + 640 m = 1 km

4 Verschiedene Schulwege. Wie weit wohnen die Kinder von der Schule entfernt?

- Tim: Ich mache 680 Schritte.
- Anna: ... 260 Schritte.
- Susi: ... 110 Schritte.
- Tom: ... 740 Schritte.
- Pia: ... 808 Schritte.

a) Erstelle eine Tabelle.

Zwei Schritte sind ungefähr ein Meter.

Name	gemessen	Meter (ungefähr)
Tim	680 Schritte	340 m
Anna		

b) Wer hat den längsten Schulweg? Wer hat den kürzesten Schulweg?

5 Verschiedene Schulwege

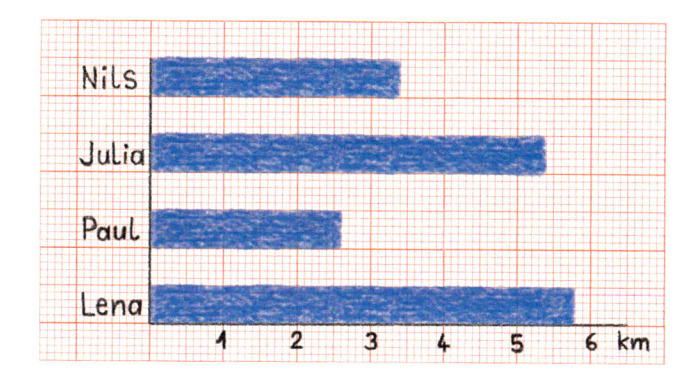

a) Notiere die Längen der Schulwege.

Nils: 3 km 400 m

b) Berechne den Unterschied zwischen dem längsten und dem kürzesten Schulweg.

6 Berechne die Längen der Wanderwege. Welcher ist am längsten, welcher am kürzesten? Berechne den Unterschied.

A: 2 km 255 m, 1 km 650 m, 1 km 50 m
B: 1 km 170 m, 1 km 710 m, 3 km 100 m, 2 km
C: 1 km 200 m, 1 km 150 m

7 Kann das stimmen? Susi wohnt 1 km 100 m von der Schule entfernt. Auf ihrem Schulweg legt sie 250 km in einem Schuljahr zurück.

87

Unterwegs im Zoo

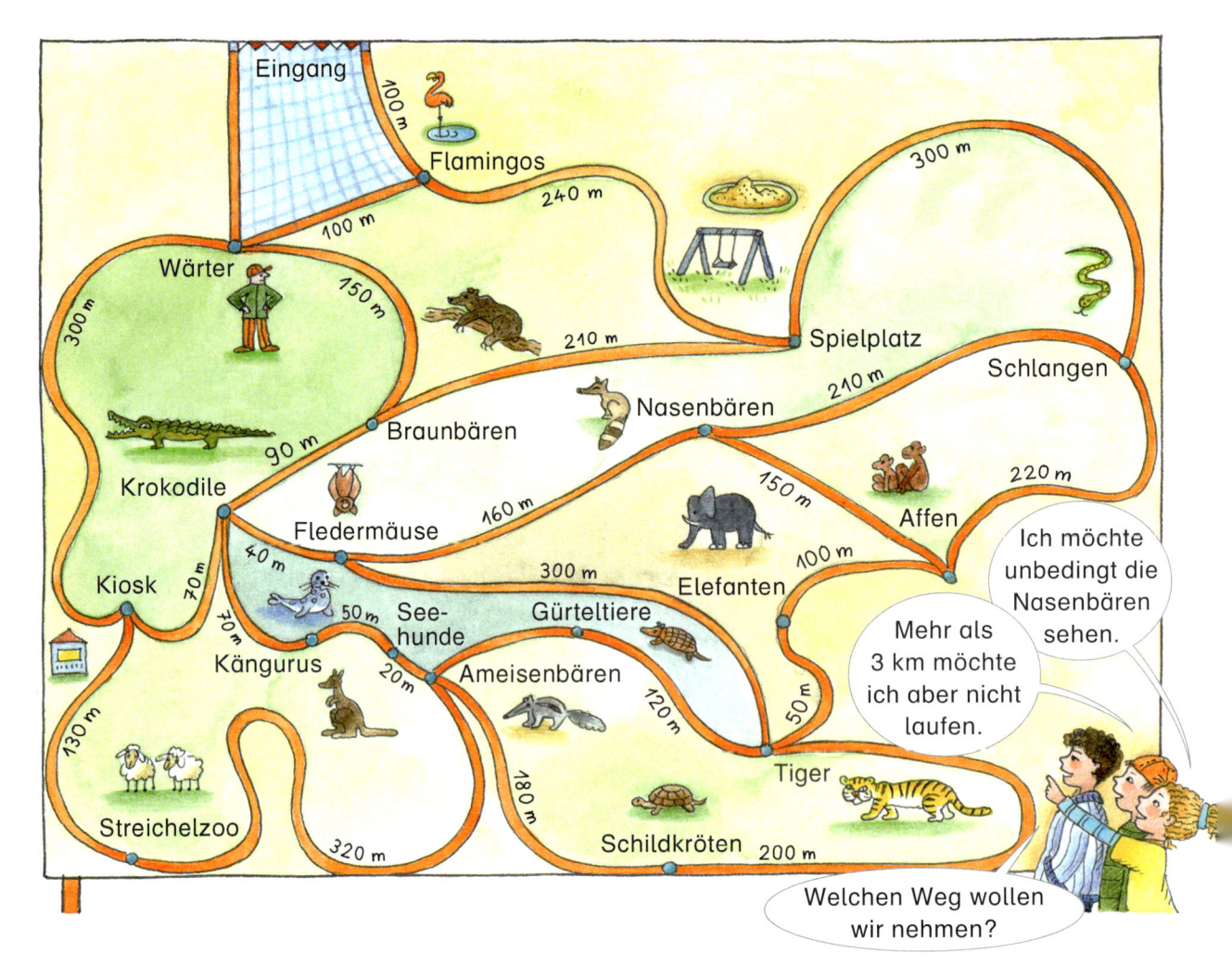

1 a) Was kannst du aus dem Wegeplan ablesen? Erzähle.
   b) Welchen Weg zu den Nasenbären würdet ihr wählen?
   An welchen Tieren kommt ihr vorbei? Wie lang ist der Weg?

2 Wie weit ist es …

a) … von den Schlangen bis zu den Tigern?
b) … vom Streichelzoo bis zu den Braunbären?
c) … von den Seehunden bis zu den Nasenbären?

3 Wärter Klaus pflegt die Ameisenbären und die Schildkröten. Er fährt fünfmal täglich mit seinem Fahrrad auf dem kürzesten Weg vom Wärterhaus zu den Tieren und wieder zurück.

a) Wie viele Kilometer und Meter legt er täglich zurück?
b) Wie viele Kilometer und Meter fährt er von Montag bis Freitag?

4 Tierpflegerin Anna versorgt die Nasenbären, die Affen und die Flamingos.
Kann es sein, dass sie in einer Woche 50 km auf dem Fahrrad zurücklegt, wenn sie die Tiere vom Wärterhaus aus dreimal täglich auf dem kürzesten Weg besucht?

Entfernungen

Eine Runde um den Sportplatz ist 400 m lang.

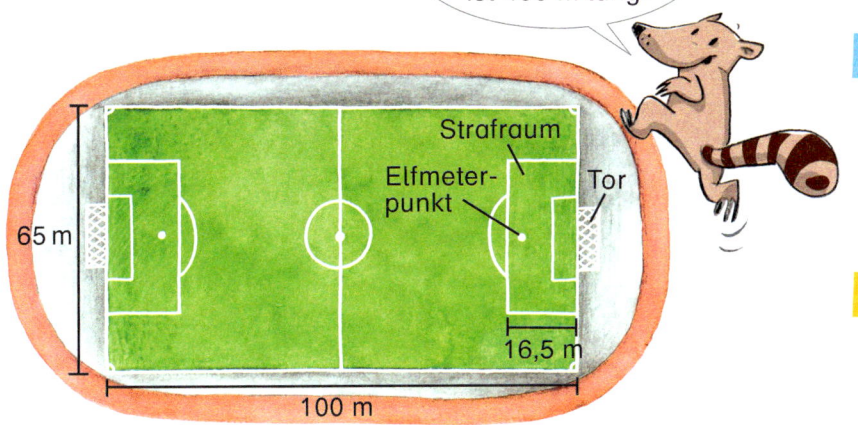

1 Lars läuft sich warm. Er läuft die 100-Meter-Bahn fünfmal. Welche Strecke legt er zurück?

2 Ali läuft dreimal um den Sportplatz. Wie viele Meter sind das?

3 Klara möchte 2 km laufen. Sie ist bereits drei Runden um den Platz gelaufen. Wie viele Meter fehlen ihr noch?

4 Justus schießt einen Elfmeter. Dazu läuft er von der Strafraumgrenze an.

a) Wie lang ist sein Anlauf?
b) Trifft Justus das Tor?

5 Tom läuft insgesamt 18 km. Er läuft am Mittwoch doppelt so weit wie am Montag und am Samstag läuft er dreimal so weit wie am Montag.
Wie weit läuft er an den einzelnen Tagen?

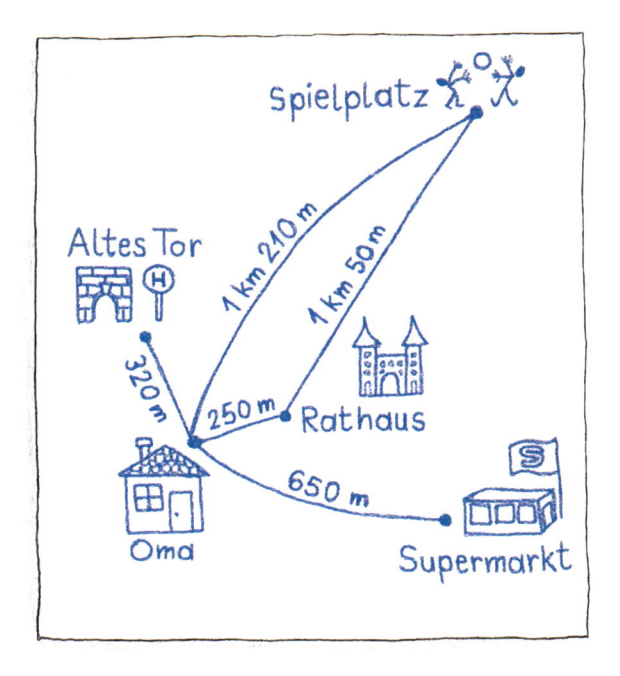

6 Jette und ihre Mutter besuchen Oma. Von Zuhause bis zur Bushaltestelle laufen sie einen halben Kilometer. Dann fahren sie 7 km mit dem Bus. Von der Haltestelle „Altes Tor" aus gehen sie zu Fuß zu Oma. Berechne die Gesamtlänge der Strecke.

7 Von der Oma aus geht Jette zum Spielplatz und nach einer Stunde wieder zurück. Wie weit ist sie gelaufen?

8 Oma geht zweimal in der Woche zum Supermarkt einkaufen. Wie viele Kilometer und Meter legt sie dabei zurück?

9 Lars legt in einer Woche insgesamt 65 km auf seinem Schulweg zurück. Mit dem Bus fährt er täglich 12 km. Wie weit wohnt Lars von der Bushaltestelle entfernt?

Schriftliches Subtrahieren –

Setz oben die Zahl davon du nehmen willst und die du abnehmen willst gleich darunter, wie im Summieren. Danach mach ein Linien darunter und heb zuvorderst an, wie im Addieren nimm die erste Ziffer der untersten Zahl von der ersten Ziffer der obersten Zahl. Was dann bleibt setz unten.

AH S. 53

```
   2 10
   3  1 5
 - 1  6 2
   1  5 3
```

1 Was bedeuten die kleinen roten Zahlen? Erkläre.

Lege 315 mit Material und nimm 162 weg.
Beginne bei den Einern.

Wie kann ich denn 6 Zehner wegnehmen? Ich habe doch nur einen Zehner.

H	Z	E
2	10	
3	1	5
–1	6	2
1	5	3

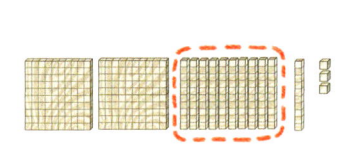

Wechsle 1 H in 10 Z.
Es sind jetzt 2 H und 11 Z.

5 E – 2 E = 3 E, schreibe 3.
Wechsle 1 H, schreibe 10.
Es sind jetzt 2 H, schreibe 2.
11 Z – 6 Z = 5 Z, schreibe 5.
2 H – 1 H = 1 H, schreibe 1.

2 Musst du wechseln? Erkennst du das, bevor du rechnest?

```
  328      843      453      764      259      587
– 175    – 691    – 321    – 582    – 168    – 224
```

3 An welcher Stelle wird gewechselt? Erkennst du das, bevor du rechnest?

```
  652      924      316      465      582      769
– 413    – 731    – 154    – 238    – 347    – 579
```

Tipp: Kontrolliere mit der Umkehraufgabe.

```
    5 10           407
   7 6 1         + 354
 – 3 5 4             1
   4 0 7           761
```

🂠 Lege mit den Ziffernkarten zwei dreistellige Zahlen und subtrahiere.

8 4 5 6 1 2 3 7 9

a) Bilde Minusaufgaben, bei denen du nicht wechseln musst.
b) Bilde Minusaufgaben, bei denen du einmal wechseln musst.

Abziehen

4 Zweimal wechseln

ausführlich:

H	Z	E
3	~~10~~ 4	10
~~4~~	~~5~~	~~3~~
− 2	8	5
1	6	8

Wechsle 1 Z in 10 E.
Es sind jetzt 4 Z.
Wechsle 1 H in 10 Z.
Es sind jetzt 3 H.

Jetzt kannst du abziehen.

kürzer:

H	Z	E
3	14	10
~~4~~	~~5~~	~~3~~
− 2	8	5
1	6	8

```
  4 5 3     7 2 5     5 6 4     4 3 2     5 4 2     9 7 6
− 2 8 5   − 4 3 6   − 1 9 8   − 2 6 5   − 3 8 7   − 5 8 9
```

5 Schreibe stellengerecht untereinander und subtrahiere.

a) 347 − 126   b) 752 − 319   c) 628 − 290   d) 932 − 657
   583 − 71   441 − 115   836 − 95   777 − 88
   698 − 460   293 − 76   557 − 396   624 − 536

6 Bei welchen Aufgaben findest du Fehler? Welche Fehler wurden gemacht? Notiere.

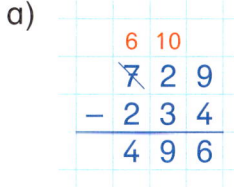

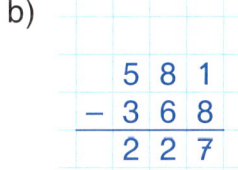

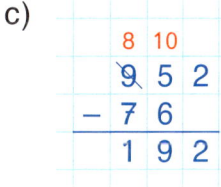

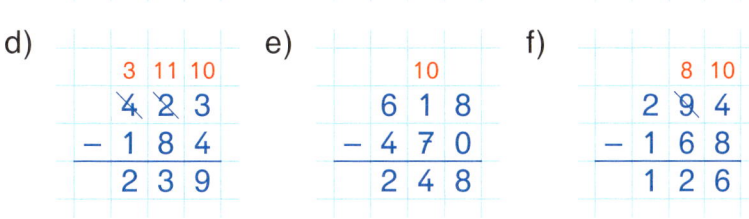

a)
```
  6 10
  ~~7~~ 2 9
− 2 3 4
  4 9 6
```

b)
```
  5 8 1
− 3 6 8
  2 2 7
```

c)
```
    8 10
  ~~9~~ 5 2
−   7 6
  1 9 2
```

d)
```
  3 11 10
  ~~4~~ ~~2~~ 3
− 1 8 4
  2 3 9
```

e)
```
      10
  6 1 8
− 4 7 0
  2 4 8
```

f)
```
    8 10
  2 ~~9~~ 4
− 1 6 8
  1 2 6
```

Diese Beschreibungen können helfen:

Fehler beim Wechseln

falsche Rechenrichtung

falsch untereinander geschrieben

Rechenfehler

Schreibe falsch berechnete Aufgaben ins Heft und rechne sie richtig.

Lege mit den Ziffernkarten Minusaufgaben mit zwei dreistelligen Zahlen. Notiere und rechne.

a) Lege Aufgaben mit möglichst großem Ergebnis.
b) Lege Aufgaben mit möglichst kleinem Ergebnis.
c) Lege Aufgaben, deren Ergebnis zwischen 300 und 400 liegt.
d) Lege Aufgaben mit dem Ergebnis 222, 333, 444, 555, 666.

1	2	3
4	5	6
7	8	9

Schriftliches Subtrahieren –

AH S. 54

Wie rechne ich denn diese Aufgabe? 0 Zehner kann ich doch gar nicht wechseln.

Doch, das geht auch.

	2	10	
	3	0	4
−	1	7	6

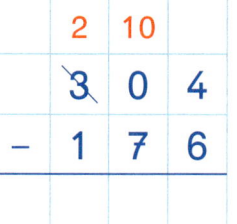

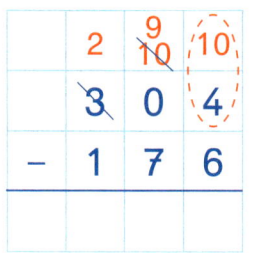

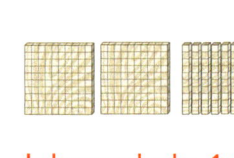

Ich wechsle 1 H in 10 Z.
Ich habe jetzt 2 H und 10 Z.

	2	9/10	10
	3	0	4
−	1	7	6

Ich wechsle 1 Z in 10 E.
Ich habe jetzt 9 Z und 14 E.

	2	9/10	10
	3	0	4
−	1	7	6
	1	2	8

Jetzt kannst du abziehen.
14 E − 6 E = 8 E, schreibe 8.
9 Z − 7 Z = 2 Z, schreibe 2.
2 H − 1 H = 1 H, schreibe 1.

1 Erkläre Jettes Lösungsweg.

2 Rechne schriftlich.

301	405	502	803	704	907	401	206
− 164	− 287	− 356	− 495	− 508	− 649	− 174	− 89

Kontrollzahlen: 258, 146, 227, 137, 117, 118, 308, 196

3

Es geht auch kürzer.

	2	9	10
	3	0	4
−	1	7	6

Ich wechsle 1 H sofort in 9 Z und 10 E.
Ich habe jetzt 2 H, 9 Z und 14 E.

Versuche wie Jan zu rechnen.

304	801	406	503	602	705	500	300
− 156	− 563	− 78	− 287	− 324	− 409	− 263	− 109

Rechnen mit Nullen

4 Löse zuerst die Aufgaben, die du im Kopf rechnen kannst.
Rechne die restlichen Aufgaben schriftlich.

640 − 130   305 − 178   510 − 209
854 − 472   763 − 560   1000 − 901
402 − 399   721 − 365   200 − 67

640 − 130 rechne ich im Kopf.

5 Welche Ergebnisse können nicht stimmen? Erkläre.

a) 579 − 215 = 364   b) 1000 − 566 = 544
c) 977 − 69 = 468   d) 801 − 789 = 12
e) 712 − 606 = 106   f) 766 − 444 = 333

Das Ergebnis von Aufgabe ... ist falsch, weil ...

6 Bilde Minusaufgaben.
a) Die Ergebnisse sollen größer als 500 sein.
b) Die Ergebnisse sollen kleiner als 400 sein.
c) Das Ergebnis soll zwischen 400 und 500 liegen.

876   354   762   298   139   603   436   542

7 Wie geht es weiter? Ergänze die Aufgaben und rechne.

```
  706      705      704      703
− 107    − 206    − 305    −        −        −
─────    ─────    ─────
                                                99
```

8 Wie geht es weiter? Ergänze die Aufgaben und rechne.

```
  890      891      892
− 405    −        −        −        −        −
─────
                                               495
```

9 Subtrahiere schriftlich.

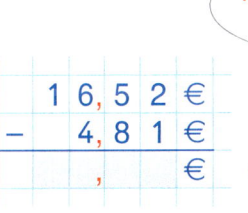

a) 16,52 € − 4,81 €   b) 20,95 € − 7,43 €
   8,67 € − 5,24 €   35,07 € − 16,85 €
   34,61 € − 0,85 €   40,00 € − 25,50 €
   52,13 € − 43,21 €   67,85 € − 8,79 €

Komma unter Komma.

```
  1 6 , 5 2 €
−     4 , 8 1 €
─────────────
          , €
```

10 Schreibe mit Komma und subtrahiere schriftlich.

a) 20,17 € − 9 € 54 ct   b) 8,32 € − 6 € 5 ct   c) 80 € 8 ct − 41,19 €
   65,08 € − 48 € 13 ct   51,07 € − 17 € 8 ct   36 € 7 ct − 29,90 €
   81,18 € − 36 € 25 ct   100 € − 65 € 6 ct   40 € 5 ct − 13,50 €

Schriftlich addieren üben

1 Fredo hat die Ziffern weggewischt. Kannst du herausfinden, welche es waren? Schreibe die Aufgabe mit den passenden Ziffern ins Heft.

```
  3 4 _
  2 _ 8
+   1
-------
  _ 7 1
```

2 Welche Ziffern fehlen?

a)
```
   4 6 _
 + 2 _ 1
 -------
 _ 9 5
```

b)
```
 _ 8 1
+ 2 1 _
-------
  5 _ 8
```

c)
```
 _ _ _
+ 5 4 5
-------
  7 7 7
```

d)
```
  4 8 3
+ _ _ _
-------
  5 9 6
```

e)
```
  6 0 _
+   3 4
-------
  _ 9 7
```

3 Welche Ziffern fehlen? Achte auf die Überträge.

a)
```
  8 6 _
+ 1 _ 9
-------
  _ 9 2
```

b)
```
  4 6 _
+ _ 7 3
-------
  7 2 _
```

c)
```
  3 _ 7
+ _ _ 8
-------
  8 2 2
```

d)
```
  6 4 8
+ _ _ _
-------
  9 1 2
```

e)
```
 _ _ _
+ 5 8 6
-------
  8 2 3
```

4 Welche Ziffern fehlen? Finde zu jeder Aufgabe verschiedene Möglichkeiten.

a)
```
  _ _ _
+ _ _ 7
-------
  3 5 1
```

b)
```
  3 _ _
+ 1 _ _
-------
  9 0 0
```

c)
```
  2 _ _
+ _ 9 _
-------
  8 8 8
```

d)
```
  _ _ 6
+ _ 3 0
-------
    5 5
```

Ziffernkarten: 0 1 2 3 4 5 6 7 8 9

5 Lege mit den Ziffernkarten Plusaufgaben. Das Ergebnis soll 1000 sein. Finde verschiedene Möglichkeiten. Wie gehst du vor?

6 Lege mit den Ziffernkarten eine Plusaufgabe mit zwei dreistelligen Zahlen.
a) Das Ergebnis soll möglichst klein sein.
b) Das Ergebnis soll möglichst groß sein.

7 Spiele mit deinem Partner „Die kleinere Summe gewinnt".

> **Die kleinere Summe gewinnt**
> Ziehe 6 Ziffernkärtchen von deinem Stapel und bilde zwei dreistellige Zahlen. Addiere die beiden Zahlen. Wer die kleinere Summe hat, erhält einen Punkt.

8 Gleiches Symbol, gleiche Ziffer. Finde heraus, welche Zahlen es sind.

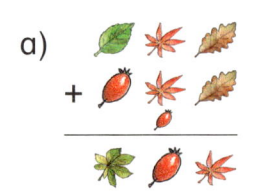

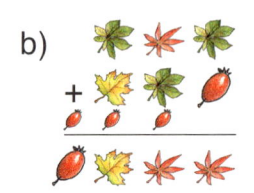

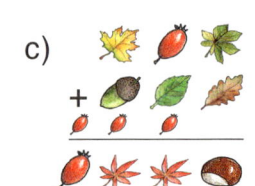

AHA-Zahlen

121　979　191　929　636　484　272　828

1 a) Diese Zahlen heißen AHA-Zahlen. Erkläre, warum sie so heißen.
　　b) Wie viele AHA-Zahlen gibt es? Finde alle Zahlen.

2 a) Mit AHA-Zahlen kann man besondere Aufgaben bilden.
　　　Wie werden AHA-Zahlen gebildet? Erkläre.

| 868 | 434 | 626 | 959 | 323 | 535 |
| − 686 | − 343 | − 262 | − 595 | − 232 | − 353 |

　　b) Rechne die Aufgaben. Was fällt dir auf?
　　c) Bilde eigene Aufgaben mit AHA-Zahlen. Schreibe jede Aufgabe auf einen Zettel.
　　d) Vergleicht eure Aufgaben. Wie könnt ihr sie sortieren?

3 Was fällt dir bei den Ergebnissen auf?

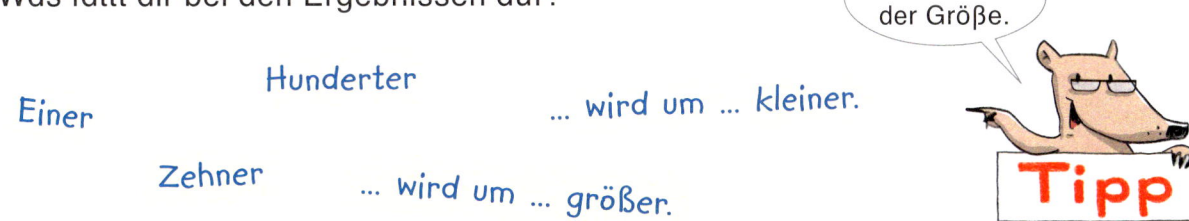

　　Einer　　Hunderter　　… wird um … kleiner.
　　　　　Zehner　　… wird um … größer.

> Ordne nach der Größe.
> **Tipp**

4 Suche dir Aufgaben mit gleichem Ergebnis heraus. Vergleiche sie.
　　Was fällt dir auf? Tipp: Achte auf den Unterschied zwischen den Ziffern.

5 Zum Ergebnis 364 gibt es fünf Aufgaben. Schreibe sie auf.

6 Zu welcher Ergebniszahl gibt es die meisten Aufgaben? Warum ist das so?

95

Auf Symmetrie überprüfen

AH S. 56, 57

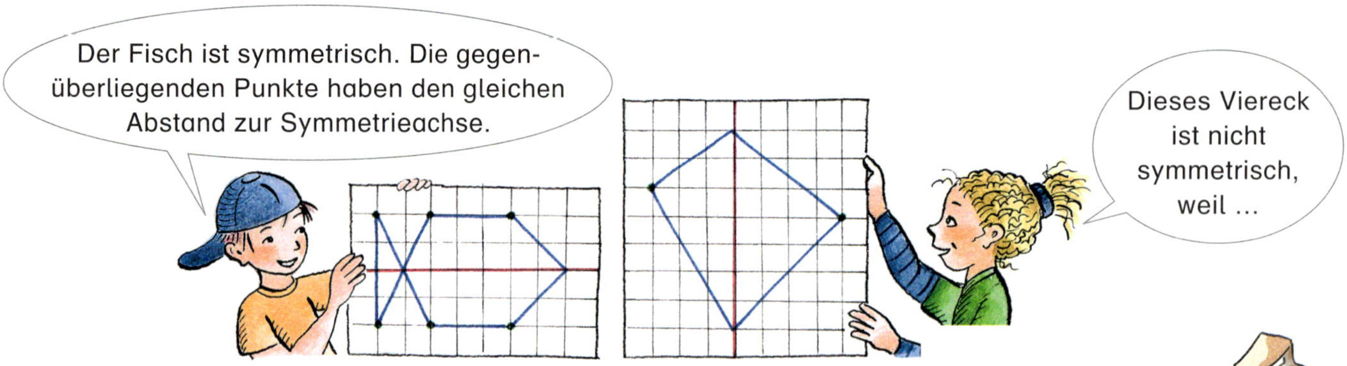

Der Fisch ist symmetrisch. Die gegenüberliegenden Punkte haben den gleichen Abstand zur Symmetrieachse.

Dieses Viereck ist nicht symmetrisch, weil …

1 Überprüfe die Figuren wie Jette und Justus. Welche Figuren sind symmetrisch, welche sind nicht symmetrisch?

Schreibe in dein Heft:
Die Figuren … sind nicht symmetrisch, weil …

symmetrisch
nicht symmetrisch
Symmetrieachse /
Spiegelachse
Abstand

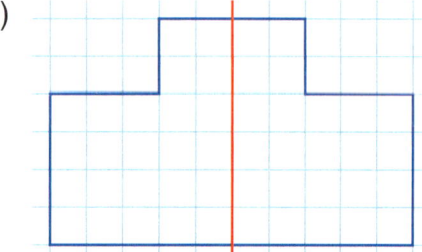

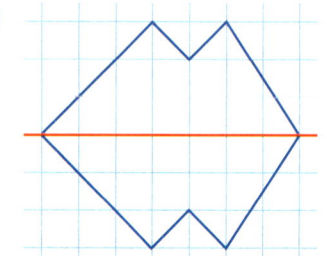

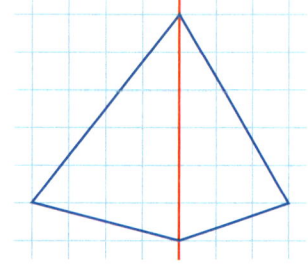

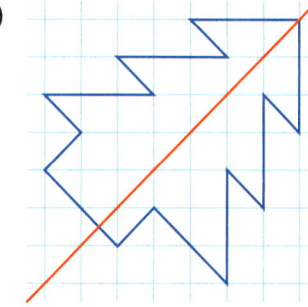

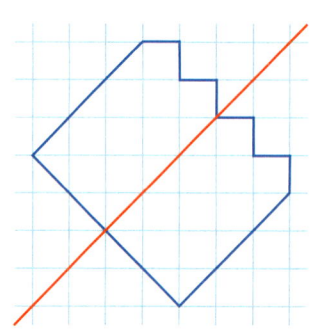

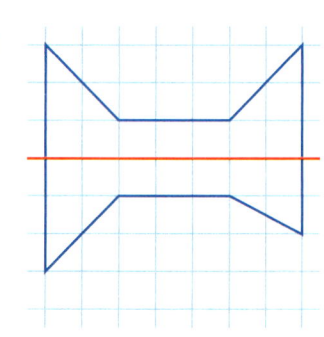

a)   b)   c)

d)   e)   f)

2 Übertrage die Formen in dein Heft. Wie viele Symmetrieachsen haben die Figuren? Zeichne sie ein.

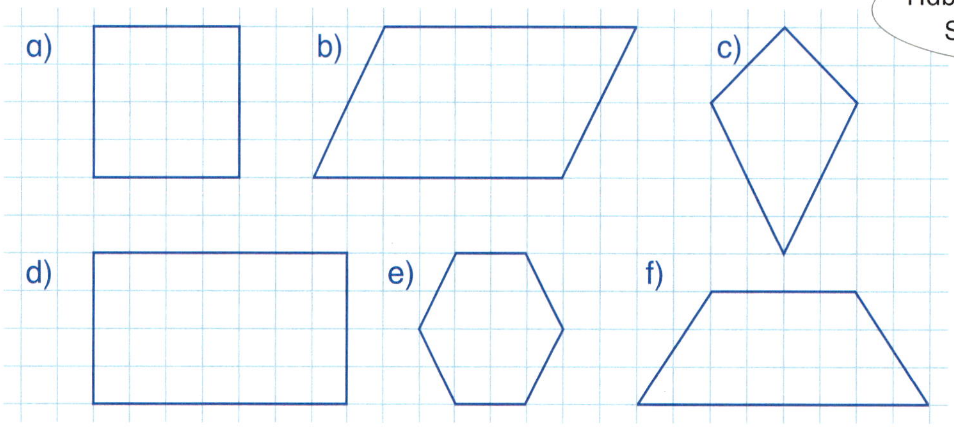

a)   b)   c)

d)   e)   f)

Haben alle Figuren eine Symmetrieachse?

96

Figuren symmetrisch ergänzen

AH S. 56, 57

1 Übertrage die Figuren in dein Heft und ergänze sie symmetrisch.

a)   b) 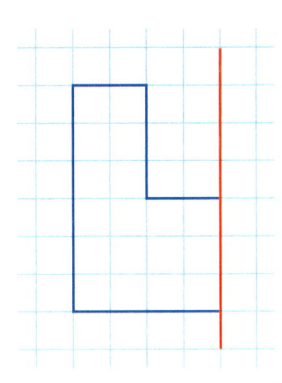   c)

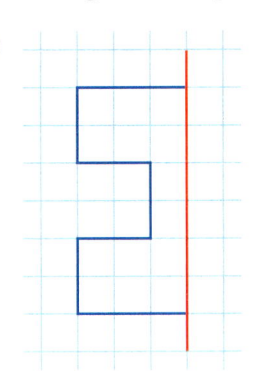

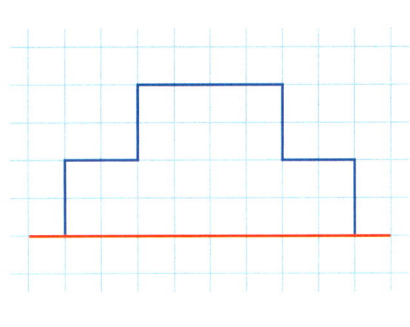

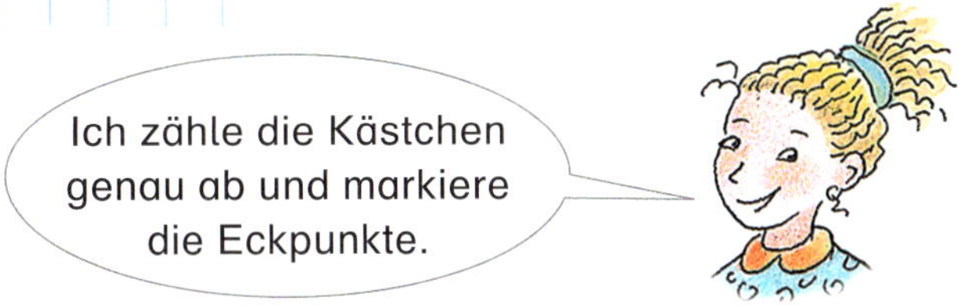

Ich zähle die Kästchen genau ab und markiere die Eckpunkte.

2 Übertrage die Figuren in dein Heft und ergänze sie symmetrisch.

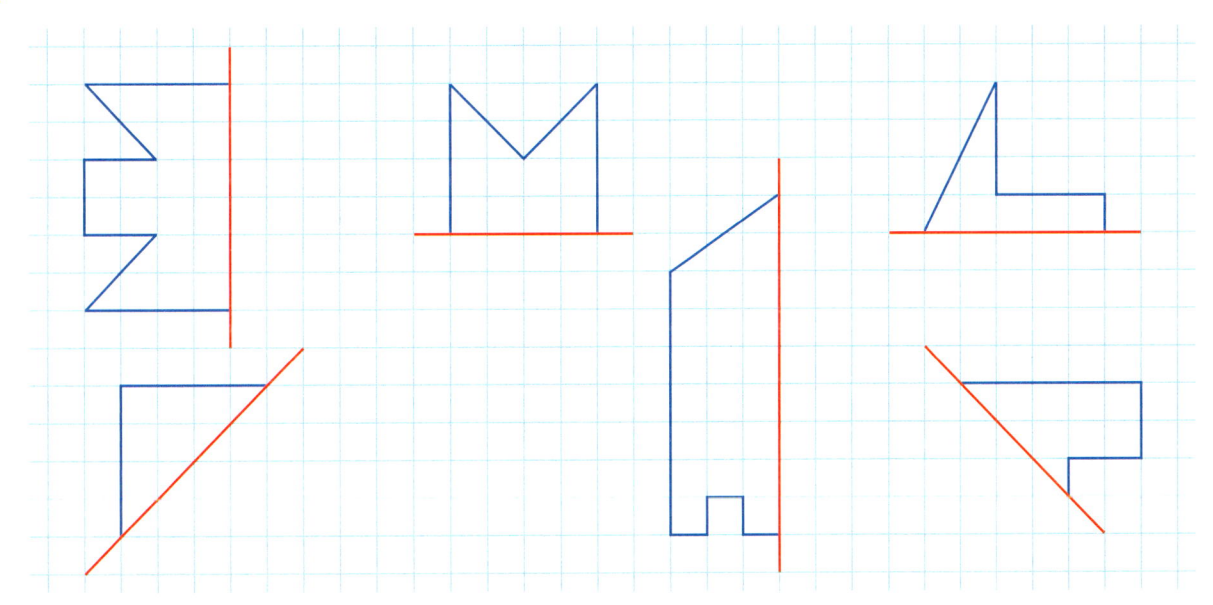

3 Übertrage die Figuren in dein Heft. Ergänze an jeder Achse symmetrisch.

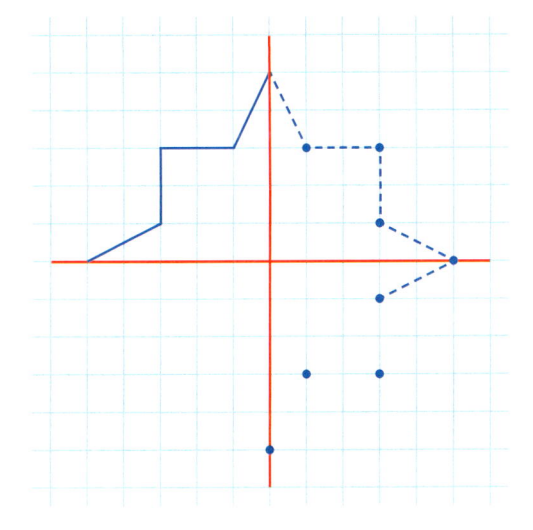

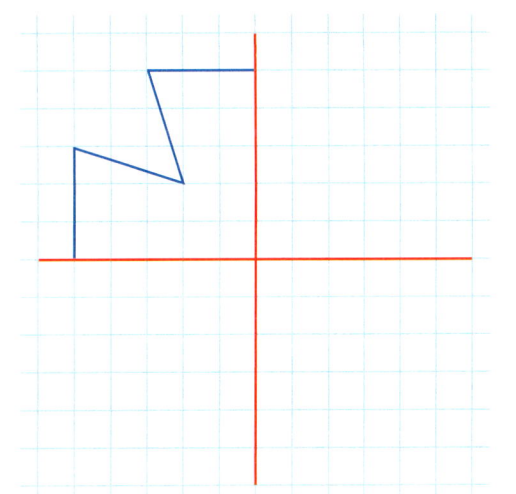

97

Bahngeschichten

AH S. 60

Justus, seine Eltern und seine beiden jüngeren Schwestern wollen mit dem Zug nach Köln fahren. Die Mutter informiert sich im Internet über mögliche Zugverbindungen.

1 Vergleiche: Wie lange dauert die Fahrt von Frankfurt nach Köln mit dem ICE 128, dem ICE 1026 und dem ICE 728?

Frankfurt – Köln

	Frankfurt	Köln
ICE 128	ab 09.29 Uhr	an 10.32 Uhr
ICE 1026	ab 09.42 Uhr	an 12.05 Uhr
ICE 728	ab 10.10 Uhr	an 11.39 Uhr

2 Mutter entscheidet sich für den ICE 128. Die einfache Fahrt (Frankfurt – Köln) kostet für einen Erwachsenen 64 Euro. Mitreisende Kinder im Alter bis 14 Jahre fahren kostenlos mit. Wie viel Euro muss die Familie für die Hinfahrt bezahlen?

3 Am Tag der Reise gehen sie zum Bahnhof. Dort ist viel los.
Justus schaut auf der Anzeigentafel nach, auf welchem Gleis der Zug abfährt.

FRANKFURT AM MAIN HAUPTBAHNHOF					
Abfahrt	Zug	Ziel	Ankunft	Gleis
09:21	ICE 1557	Dresden Hbf	14:14	9
09:29	ICE 128	Amsterdam Centraal	13:25	19
09:42	ICE 1026	Kiel Hbf	17:21	6
09:50	ICE 593	München Hbf	13:33	9

4 Justus schaut auf die große Bahnhofsuhr. Er überlegt: „Wie lange haben wir noch Zeit, bis der Zug abfährt?"

5 Plötzlich kommt eine Durchsage:

a) Wann wird der Zug nun in Frankfurt ankommen?

b) Wie viel Zeit hat die Familie noch bis zur Abfahrt?

> Achtung! Achtung! Der ICE 128 nach Köln, planmäßige Ankunft um 9.29 Uhr, hat voraussichtlich 15 Minuten Verspätung.

6 Zuerst schauen sie sich auf dem Bahnhof um, dann gehen sie auf den Bahnsteig. Plötzlich hören sie eine neue Durchsage:

> Achtung! Achtung! Der ICE 128 nach Köln, planmäßige Ankunft um 9.29 Uhr, hat nur noch 5 Minuten Verspätung.

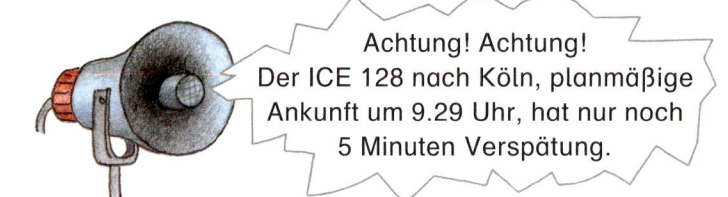

„Puh", sagt Justus, „gut, dass wir schon auf dem Bahnsteig sind." Um wie viel Uhr soll der Zug nun ankommen?

Der Zug fährt in den Bahnhof ein. Als sie endlich im Abteil sitzen, meint Justus: „Das war ganz schön aufregend."

7 Welche Informationen erhältst du auf der Anzeigentafel? Erkläre.

| FRANKFURT AM MAIN HAUPTBAHNHOF ||||||
Abfahrt	Zug	Ziel	Ankunft	Gleis
09:21	ICE 1557	Dresden Hbf	14:14	9
09:29	ICE 128	Amsterdam Centraal	13:25	19
09:42	ICE 1026	Kiel Hbf	17:21	6
09:50	ICE 593	München Hbf	13:33	9
09:54	ICE 529	München Hbf	13:05	7
09:58	ICE 78	Hamburg Altona	13:55	8
10:06	ICE 71	Basel SBB	12:55	6
10:10	ICE 728	Köln Hbf	11:39	7

8 a) Der ICE 128 fährt von Frankfurt (Main) Hbf nach Amsterdam Centraal. So heißt der Bahnhof in Amsterdam (Niederlande). Der Zug hält unterwegs an verschiedenen Bahnhöfen. Berechne die Fahrzeiten zwischen den einzelnen Haltestellen.

ICE 128	
Frankfurt/Main Hbf	09.29
Frankfurt/Main Flughafen	09.40
Köln Hbf	10.32
Düsseldorf Hbf	11.11
Duisburg Hbf	11.24
Oberhausen Hbf	11.33
Arnhem	12.24
Utrecht Centraal	12.58
Amsterdam Centraal	13.25

Frankfurt/Main Hbf –
Frankfurt Main Flughafen   1 1 min

Frankfurt/Main Flughafen –
Köln Hbf   … min

b) Wie lange braucht der Zug von Frankfurt nach Amsterdam?

9

Fahrpreise (einfache Fahrt), 2. Klasse

| Frankfurt – Dresden | 97 Euro | Frankfurt – Kiel | 120 Euro |
| Frankfurt – Amsterdam | 112 Euro | Frankfurt – München | 91 Euro |

a) Jette möchte mit ihren Eltern und ihren drei Brüdern nach München fahren. Die Brüder sind 7, 12 und 15 Jahre alt. Wie viel Euro muss die Familie für die Hinfahrt bezahlen?

Kinder bis 14 Jahre fahren kostenlos.

b) Schau auf die obere Anzeigentafel. Welchen von den beiden Zügen würdest du nehmen? Warum?

c) Stell dir vor, du fährst mit deiner Familie von Frankfurt nach Kiel und wieder zurück. Was kostet die Fahrt?

Wiegen und vergleichen

AH S. 61

1 Nehmt die abgebildeten Gegenstände aus euren Schultaschen.

a) Ordnet sie von leicht nach schwer.

b) Vergleicht eure Anordnungen mit denen der anderen Kinder.

2 Überprüft eure Anordnung mit der Kleiderbügelwaage.

im Gleichgewicht    im Ungleichgewicht

3 Überlege: Wie oft musst du mindestens wiegen, um herauszufinden, welches Päckchen das schwerste ist?

a)   b)

4 a) Welche Waagen kennst du? Wo hast du sie schon einmal gesehen? Erzähle.

b) Wie viel wiegen die Gegenstände oder Personen? Lies ab und notiere.

5 Mit diesen Gewichtssteinen kannst du Gegenstände bis zu 2 kg wiegen.

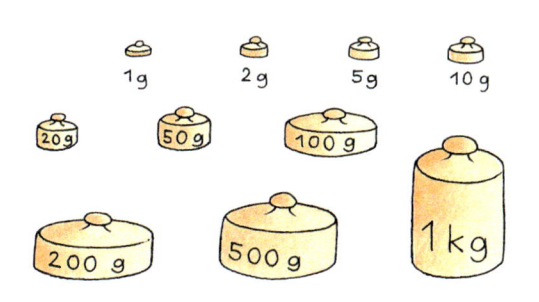

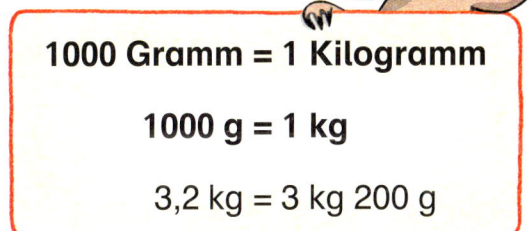

1000 Gramm = 1 Kilogramm

1000 g = 1 kg

3,2 kg = 3 kg 200 g

a) Wie schwer ist das Obst?

b) Welche Gewichtssteine nimmst du für 75 g, 750 g, 995 g, 1 kg 127 g?
Vergleiche mit deinem Partner.

6 Beim Gewichtssatz fehlt der 5-Gramm-Stein. Welche Gewichte kannst du nun nicht mehr auswiegen? Finde zehn Beispiele.

7 Gramm und Kilogramm. Schreibe mit Komma.

a) 6 kg 400 g
2 kg 800 g
3 kg 100 g

b) 10 kg 80 g
0 kg 200 g
6 kg 750 g

c) 1 kg 8 g
9 kg 20 g
4 kg 35 g

4 kg 700 g = 4,700 kg
4 kg 70 g = 4,070 kg
4 kg 7 g = 4,007 kg

Die rückenfreundliche Schultasche

"Ich wiege 27 kg."

Ist deine Schultasche zu schwer?	
Körpergewicht	Gewicht der Schultasche
25 kg	2,5 kg
26 kg	2,6 kg
27 kg	2,7 kg
28 kg	2,8 kg
29 kg	2,9 kg
30 kg	3,0 kg
31 kg	3,1 kg
32 kg	3,2 kg
33 kg	3,3 kg
34 kg	3,4 kg
35 kg	3,5 kg

1 Ist Jettes Schultasche zu schwer?

2 Überprüft, ob eure Schultaschen zu schwer sind.

a) Haltet die Ergebnisse in einer Tabelle fest.

b) Warum sind die Schultaschen unterschiedlich schwer?

c) Wie könnt ihr beim Packen der Schultasche Gewicht einsparen?

Jana	2,8 kg
Tim	3,4 kg
Olli	3,5 kg

3 Ist die Schultasche zu schwer? Rechne und entscheide.

	Pia	Tobi	Ali	Marie
Körpergewicht	28 kg	30 kg	32 kg	29 kg
Leergewicht der Schultasche	1 kg	1 kg 100 g	1 kg 200 g	1 kg 100 g
Gewicht des Inhaltes	1 kg 900 g	2 kg 850 g	2 kg	1 kg 900 g

4 In Justus' und Jettes Klasse wiegen alle Schultaschen zusammen ungefähr 75 kg.
Wie schwer müsste ein Riese sein, der dieses Gesamtgewicht gerade noch tragen könnte, ohne damit seinem Rücken zu schaden?

Große und kleine Gewichte

AH S. 62

| 1 g | 10 g | 100 g | 250 g | 500 g | 1 kg |

1 Finde Gegenstände in deiner Schultasche, die ungefähr so viel wiegen wie die oben abgebildeten Gegenstände.

2 Ordne richtig zu.

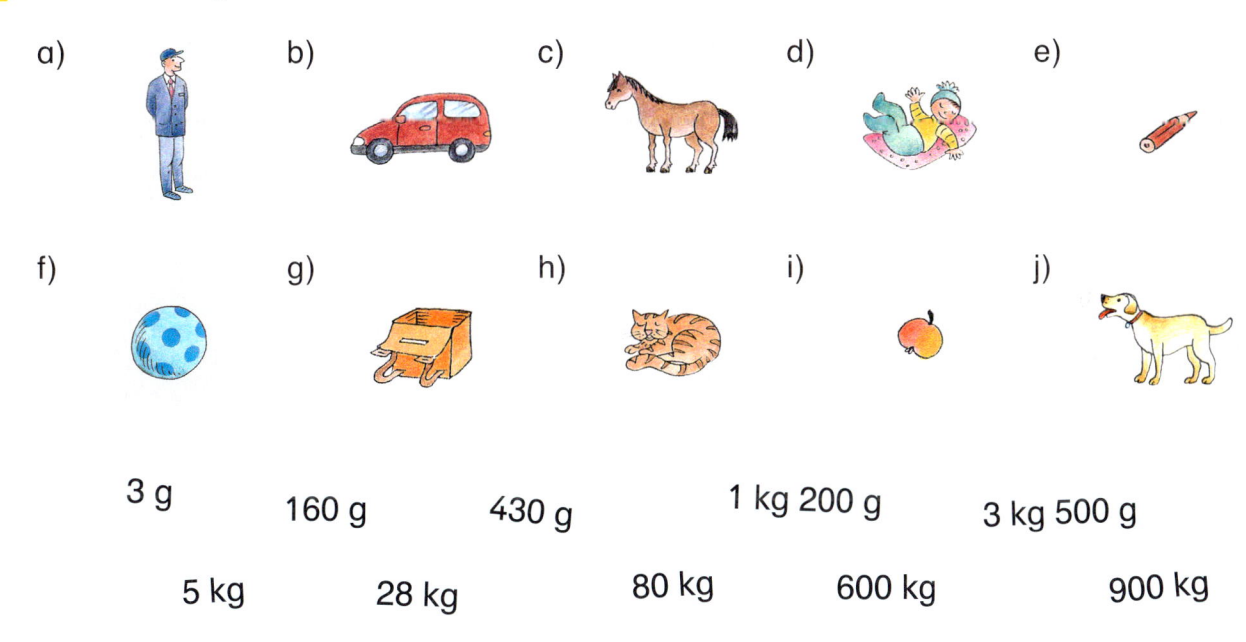

a) b) c) d) e)

f) g) h) i) j)

3 g   160 g   430 g   1 kg 200 g   3 kg 500 g

5 kg   28 kg   80 kg   600 kg   900 kg

3 a) Ordne die Gewichtsangaben nach der Größe. Beginne mit dem kleinsten Gewicht.

29 kg 500 g   750 g   150 kg   180 g   1 kg 400 g

b) Zwei der Gegenstände passen sicher nicht zu den Gewichtsangaben. Notiere.

4 Kann das stimmen?

Die Mathematikbücher aller Kinder deiner Klasse wiegen zusammen mehr als 20 kg.

Informationen entnehmen

Steckbrief

Südamerikanischer Nasenbär

Körperlänge:
W: 45–55 cm
M: 50–70 cm

Gewicht:

Nahrung:

Alter:

Tragzeit: 77 Tage

Geburtsgewicht:

Junge pro Wurf: 3–7

Der Südamerikanische Nasenbär

Der Nasenbär lebt in den Wäldern Südamerikas.

Bei seiner Geburt wiegt ein Nasenbär ungefähr 150 Gramm. Ausgewachsen wiegt er 3 bis 6 Kilogramm und ist vom Kopf bis zum Po 45 bis 70 Zentimeter lang. Der Schwanz ist noch einmal ungefähr so lang wie der Körper. Die Männchen sind schwerer und größer als die Weibchen.

Nasenbären sind Allesfresser, sie ernähren sich von Beeren, Früchten, Eiern, Vögeln, Fischen sowie Insekten aller Art.
Ihre Nahrung suchen die Nasenbären meist auf dem Boden oder am Wasser.
Zum Schlafen klettern sie auf Bäume.
Beim Laufen auf dem Boden wird der Schwanz senkrecht in die Höhe gestreckt.
Beim Klettern dient er zur Balance.

Weibchen und Jungtiere leben in Gruppen von 4 bis 20 Tieren. Die Männchen sind Einzelgänger.

In der Natur werden Nasenbären bis zu 14 Jahre alt.

1 Du kannst im Text vieles über Nasenbären erfahren. Welche Information findest du interessant? Erzähle.

2 Ergänze den Steckbrief des Nasenbären und schreibe ihn in dein Heft.

3 Körperlängen von Nasenbären

a) Wie lang wird ein Weibchen vom Kopf bis zur Schwanzspitze?
b) Wie lang wird ein Männchen vom Kopf bis zur Schwanzspitze?

4 Gewichte von Nasenbären

a) Wie schwer werden Nasenbären mindestens?
b) Wie schwer werden Nasenbären höchstens?
c) Welches Tier wiegt ungefähr so viel wie ein Nasenbär?
d) Wie viele Nasenbären sind so schwer wie du?
e) Ein Weibchen wiegt 3,8 kg. Wie viel kg hat es seit seiner Geburt zugenommen?
f) Ein Männchen wiegt 5,6 kg. Wie viel kg hat es seit seiner Geburt zugenommen?

5 Nachwuchs von Nasenbären

a) Nach wie vielen Wochen Tragzeit kommen die jungen Nasenbären zur Welt?
b) Eine Nasenbärin bekommt einmal im Jahr Junge, zum ersten Mal im Alter von 2 Jahren. Wie viele Junge kann sie in ihrem Leben bekommen?

Steckbrief

Große braune Fledermaus

Länge: ca. 12 cm

Gewicht: 18 – 20 g

Nahrung: Insekten

Alter: bis 15 Jahre

Tragzeit: 60 Tage

Geburtsgewicht: 3 g

Junge pro Wurf: 1 – 2

Die Große braune Fledermaus

Es gibt auf der Welt ungefähr 900 Arten Fledermäuse. Sie gehen in der Nacht auf Nahrungssuche und ernähren sich von Insekten. Mit ihren 32 Zähnen können sie leicht den Panzer von Käfern und ähnlichen Tieren knacken.

Diese Fledermäuse haben eine Flügelspannweite von 30 bis 33 Zentimetern. Ihre Ohren sind 40 Millimeter lang.

30 – 33 cm

Weibchen und Jungtiere leben in großen Gruppen. Eine Gruppe kann aus mehreren Hundert Fledermäusen bestehen. Die Männchen leben als Einzelgänger oder in kleinen Gruppen.

Im Frühjahr und Sommer fressen sich die Fledermäuse eine Fettschicht an. Im Winter halten die Tiere mehrere Monate Winterruhe in hohlen Bäumen. In dieser Zeit verliert eine Fledermaus ein Viertel ihres Gewichts.

6 Welche Aussagen sind richtig? Schreibe sie auf.

a) Eine Fledermaus wird ungefähr 30 cm lang.

b) Bei der Geburt wiegt eine Fledermaus 3 g.

c) Ausgewachsen ist sie 18 bis 20 g schwer.

d) Eine Fledermaus kann bis zu 60 Tage alt werden.

7 Welche Aussagen sind richtig? Schreibe sie auf.

a) Eine ausgewachsene Fledermaus hat seit ihrer Geburt ungefähr 7 g zugenommen.

b) Eine ausgewachsene Fledermäuse ist ungefähr siebenmal so schwer wie bei ihrer Geburt.

c) 10 Fledermäuse sind so schwer wie eine Tafel Schokolade.

d) Die Ohren einer Fledermaus sind ungefähr 4 cm lang.

e) Die Flügelspannweite der Fledermaus ist mehr als doppelt so lang wie ihre Körperlänge.

8 Beantworte die Fragen.

a) Eine Fledermaus wiegt im Herbst 20 g. Wie viel wiegt sie nach der Winterruhe?

b) Wenn sie Jungtiere hat, frisst eine Fledermaus jede Nacht ihr eigenes Körpergewicht an Insekten. Wie viele Insekten muss sie fressen, wenn ein Insekt 0,5 g wiegt?

Mal-Plus-Häuser 2

1 Rechne. Was fällt dir bei den Häusern auf?

Dach
+ ← 1. Stock
· · ← Erdgeschoss

Rand- Mittel- Rand-
zahl zahl zahl

Häuser:
- 1 | 5 | 9
- 10 | 5 | 0
- 20 ; 6 | __ | 4
- Dach 60; 15 | __ ; 3 | __ | __
- 25 ; 5 | __ | 5
- 10 ; 2 | __ | 8

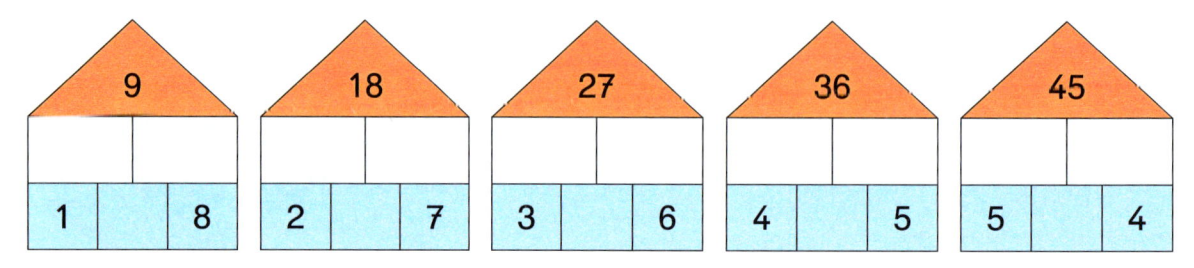

2 Hier gibt es viel zu entdecken!

Dachzahlen: 9, 18, 27, 36, 45
Randzahlen: 1 | 8 ; 2 | 7 ; 3 | 6 ; 4 | 5 ; 5 | 4

a) Wie heißen die fehlenden Zahlen? Probiere.
b) Setze die Häuserreihe fort.
c) Vervollständige die Aussagen.

Die Dachzahl wird immer um ___ größer.

Die Mittelzahl wird immer um ___ ...

Die beiden Randzahlen ergeben zusammen immer ___.

Die Dachzahl ist immer ___ -mal so groß wie die ...

Alle Dachzahlen sind aus der ___ -Reihe.

3 Wie viele verschiedene Lösungen findest du? Probiere.

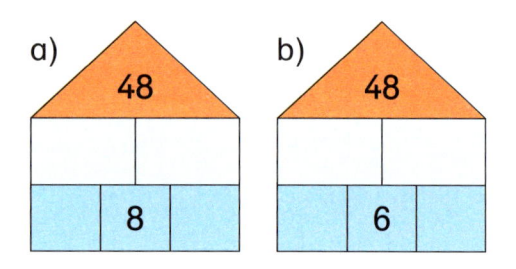

a) Dach 48; __ | 8 | __
b) Dach 48; __ | 6 | __

4 Finde mehrere Häuser. Probiere.

Dach 42

5 Im Erdgeschoss nur Zahlen von 0–10. Wie viele Häuser gibt es?

Dach 35

106

Die höchste Dachzahl gewinnt

1

Juhu, eine 9! Ich gewinne!

a) Spielt das Spiel „Die höchste Dachzahl gewinnt".
b) Ist es wirklich sicher, dass Justus gewinnt? Erkläre.

2 Mit welchen Würfelzahlen kann Jette gewinnen? Schreibe die Zahlen auf.

a) 5 4 9   3 7

b) 4 10 6   9 5

3

2 4 3   3 7

Welche Aussage ist richtig? Begründe.

a) Es ist möglich, aber nicht sicher, dass Jette gewinnt.

b) Es ist sicher, dass Jette gewinnt.

c) Es ist unmöglich, dass Jette gewinnt.

4

? 9 ?   ? 2 ?

Jette hat gewonnen.

Welche Zahlen könnten Justus und Jette gewürfelt haben?

Finde mehrere Möglichkeiten.

107

Vielfache von Zahlen

AH S. 63

3 · 5 = 15

"15 ist ein Vielfaches von 5."

"15 ist das Dreifache von 5."

Vielfaches von 5
das Dreifache

1 Wer hat recht?

2 Kreise auf der Hundertertafel ein.

a) grün:
alle Vielfachen von 2.

b) blau:
alle Vielfachen von 5.

c) rot:
alle Vielfachen von 10.

Was fällt dir auf? Erkläre.

3 Richtig oder falsch?
Überprüfe mit der Hundertertafel und schreibe die richtigen Sätze auf.

a) 66 ist das Elffache von 6.

b) 30 ist das Zweifache von 16.

c) Jedes Vielfache von 10 ist auch Vielfaches von 2.

d) Jedes Vielfache von 5 ist auch Vielfaches von 10.

e) Jedes Vielfache von 10 ist auch Vielfaches von 5.

f) Jedes Vielfache von 5 ist eine ungerade Zahl.

4
a) Finde das Dreifache von 3, 4, 6, 8.
b) Finde das Fünffache von 2, 4, 7, 9.

5 Zahlenrätsel

a) Jan subtrahiert von 500 das Fünffache von 9.
Welche Zahl erhält er?

b) Pia addiert zum Sechsfachen von 40 das Dreifache von 200.
Welche Zahl erhält sie?

6 Zahlenrätsel

a) Susi addiert zum Neunfachen von 60 das Sechsfache ihrer Zahl.
Als Ergebnis erhält sie 900.
Wie heißt Susis Zahl?

b) Tobi subtrahiert vom Achtfachen seiner Zahl das Siebenfache von 60 und erhält das Dreifache von 100.
Wie heißt Tobis Zahl?

Teiler von Zahlen

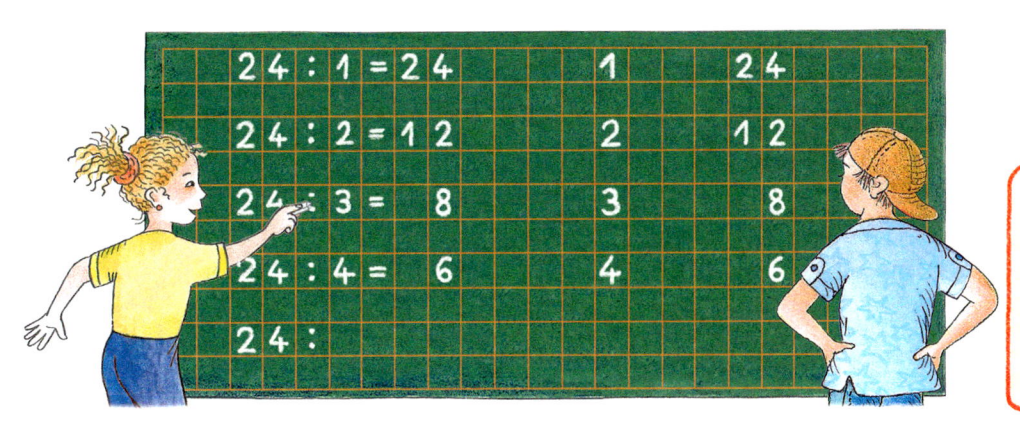

AH S. 63

```
24 : 1 = 24        1      24
24 : 2 = 12        2      12
24 : 3 =  8        3       8
24 : 4 =  6        4       6
24 :
```

Alle Zahlen, durch die eine Zahl ohne Rest teilbar ist, heißen Teiler dieser Zahl.

1 Welche Teiler von 24 fehlen noch?

2 a) Finde die Teiler zu den Zahlen in den einzelnen Kästchen. Notiere wie Jette oder Justus.

    10, 30, 50   35, 45, 55

    49, 25, 9   13, 17, 19

Die Teiler von 10 sind 1, 2, 5, 10.
10 ist teilbar durch 1, 2, 5, 10.

b) Kreise die gemeinsamen Teiler ein.

3 Welche Behauptungen sind falsch? Finde ein Beispiel.

a) 5 ist ein Teiler von 45.

b) Gerade Zahlen haben nur gerade Zahlen als Teiler.

c) Ungerade Zahlen haben nur ungerade Zahlen als Teiler.

d) 28 ist teilbar durch 1, 2, 3, 7.

e) Jeder Teiler von 12 ist auch Teiler von 30.

f) Die Zahl 40 hat acht Teiler.

g) Die Teiler von 15 sind auch Teiler von 30.

4 Bilde Gruppen. In jeder Gruppe sollen gleich viele Kinder sein. Welche Möglichkeiten gibt es?

a) 21 Schüler   b) 26 Schüler   c) 24 Schüler   d) in deiner Klasse

Bei welcher Schülerzahl gibt es die meisten Möglichkeiten?

5 Wie viele Kinder sind in Ollis Ferienlager?

Wir sind mehr als 30, aber weniger als 40 Kinder. Egal, ob wir uns in Zweier-, Dreier- oder Viererreihen aufstellen, immer steht ein Kind allein.

Sachrechen-Knacknüsse

AH S. 64, 65

1

Jette und Justus spielen „Paare finden" mit 36 Karten. Am Ende des Spiels legen sie die beiden Stapel mit ihren Karten nebeneinander.
Justus hat 8 Karten mehr als Jette.

Wie viele Karten hat Justus?
Wie viele Karten hat Jette?

a) Lukas hat bereits eine wichtige Information markiert.
Welche Information ist noch wichtig?

b) Versuche zuerst alleine eine Lösung zu finden.
Was überlegst du dir? Was rechnest du?

c) Wenn du nicht weiter weißt, dann schau dir Fredos Tipps an.

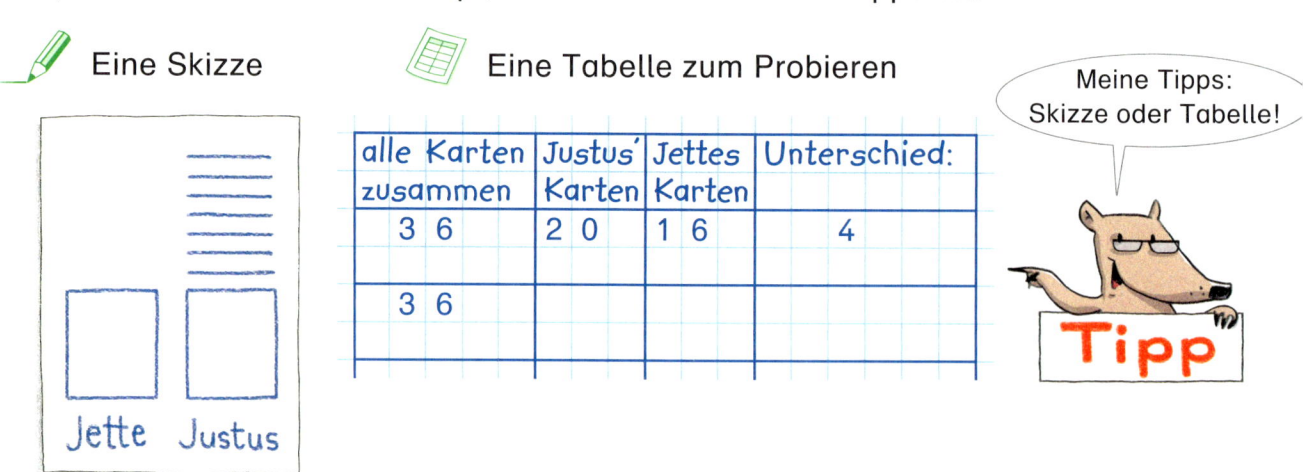

Eine Skizze

Eine Tabelle zum Probieren

alle Karten zusammen	Justus' Karten	Jettes Karten	Unterschied:
3 6	2 0	1 6	4
3 6			

Meine Tipps: Skizze oder Tabelle!

Tipp

2 Jana und Tobi spielen „Paare finden" mit 42 Karten. Tobi kann sich die aufgedeckten Karten besser merken als Jana. Am Ende des Spiels hat Tobi 14 Karten mehr als Jana. Wie viele Karten hat jeder?

3 Justus und Jette spielen mit 40 Karten. Jette gewinnt. Sie hat 12 Karten mehr. Welche Lösungen können nicht stimmen? Woran erkennst du das?

A	B	C	D
Jette: 12 Karten	Justus: 10 Karten	Jette: 14 Karten	Jette: 26 Karten
Justus: 28 Karten	Jette: 22 Karten	Justus: 26 Karten	Justus: 14 Karten

Überprüfe: Hat Jette wirklich 12 Karten mehr als Justus?
Haben beide zusammen 40 Karten?

4

Jette und Tobi wollen Justus zum Geburtstag einen Schal in den Farben blau und weiß stricken. Jette strickt den weißen Teil und Tobi den blauen. Der blaue Teil ist 30 cm länger als der weiße. Zum Schluss näht Jettes Mutter beide Teile aneinander. Der Schal ist dann genau 200 cm lang.

Wie viele cm hat Tobi gestrickt?
Wie viele cm hat Jette gestrickt?

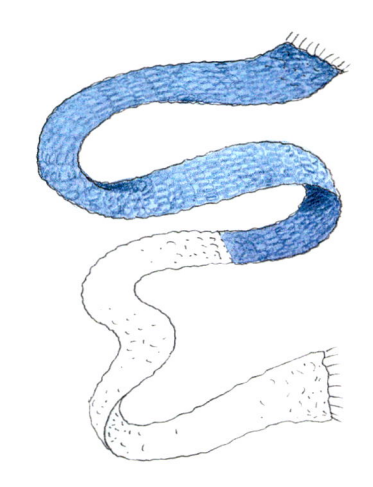

a) Marie hat viele interessante Informationen markiert. Du brauchst aber nicht alle, um die Aufgabe zu lösen. Schreibe nur die Informationen heraus, die du zum Lösen der Aufgabe brauchst.

b) Was hilft dir bei der Lösung?

Eine Skizze?   Eine Tabelle zum Probieren?

Gesamt-länge	Tobis Teil	Jettes Teil	Unterschied:
2 0 0 cm			

c) Überprüfe noch einmal deine Lösung:
Sind beide Teile zusammen wirklich 200 cm lang?
Ist Tobis Teil wirklich 30 cm länger als Jettes Teil?

5 Wie groß ist Julia? Wie groß ist Tim? Wie löst du diese Aufgabe?

Ich bin 12 cm größer als Julia.

Zusammen sind wir 2,54 m groß.

6 Mutter kauft zwei Bälle, einen großen Softball und einen Fußball. Sie bezahlt für beide Bälle zusammen 29,45 Euro.
Der Fußball ist 10,45 Euro teurer als der Softball.

111

Taschengeld

AH S. 66

Ich bekomme 10 Euro im Monat.

Ich bekomme jeden Sonntag 1 Euro.

Ich bekomme kein Taschengeld.

Ich bekomme 2 Euro in jeder Woche.

Wie viel Taschengeld?
Das Bundesfamilienministerium empfiehlt:

wöchentlich
unter 6 Jahre: 50 Cent
6 – 7 Jahre: 1,50 – 2,00 Euro
8 – 9 Jahre: 2,00 – 2,50 Euro

monatlich
10 – 11 Jahre: 12 – 15 Euro

(**6 – 7** Jahre bedeutet: **6** bis **7** Jahre)

1 Vergleiche die Angaben der Kinder mit den Empfehlungen im Text.

2 Bekommst du Taschengeld? Wie viel Euro? Schreibe den Betrag auf einen Zettel.

Sammelt alle Zettel an der Tafel. Vergleicht miteinander.

Ich bekomme kein Taschengeld …

Was machst du mit deinem Taschengeld? Schreibe auf.

3 Jette hat eine Woche lang aufgeschrieben, wofür sie Geld ausgegeben hat. Wie viel Geld hat sie insgesamt ausgegeben?

Jette – Meine Ausgaben

Mittwoch	1 Zeitschrift	1,80 €
Donnerstag	–	
Freitag	1 Kugel Eis	0,80 €
Samstag	1 Lutscher	0,35 €
Sonntag	–	
Montag	1 Lakritzrolle	0,10 €
Dienstag	–	

4 Berechne die Ausgaben von Tim und Kim.

Tim – Meine Ausgaben

Donnerstag	–	
Freitag	Sammelkarten	0,50 €
Samstag	1 Lutscher	0,25 €
Sonntag	–	
Montag	1 Stift	0,90 €
Dienstag	–	
Mittwoch	1 Schokoriegel	0,39 €

Kim – Meine Ausgaben

Montag	Süßigkeiten	0,25 €
Dienstag	–	
Mittwoch	1 Zeitschrift	1,80 €
Donnerstag	1 Zeitschrift	1,70 €
Freitag	1 Kugel Eis	0,80 €
Samstag	–	
Sonntag	–	

5 Erstellt Plakate mit Preislisten von Dingen, für die ihr euer Geld ausgebt, zum Beispiel Süßigkeiten, Getränke, Spielzeug, …

Sachrechen-Tipps

1 Justus wünscht sich ein neues Fahrrad. Es kostet 249 Euro. Er hat schon 82 Euro gespart. Oma und Opa schenken ihm zum Geburtstag 50 Euro. Von seiner Patentante bekommt er eine Tafel Schokolade und 25 Euro. Sein Vater sagt: „Du bekommst jeden Monat 10 Euro Taschengeld. Wenn du es noch 3 Monate sparst, geben wir dir den Rest dazu."
Wie viel Euro geben Justus' Eltern dazu?

Schreibe die Informationen, die du zum Rechnen brauchst, heraus.

Meine Tipps!

Fahrrad: 249 €   Spardose   82 €
                  Oma und Opa   50 €
                  ...

Löse die Aufgabe und schreibe eine Antwort.

2 Tim möchte sich gerne einen MP4-Spieler kaufen. Das Modell, für das er sich entscheidet, kostet 58 Euro. Da Tim kein Taschengeld bekommt, wollen seine Eltern ihm die Hälfte des Kaufpreises dazugeben. Von seiner Oma bekommt Tim 10 Euro und von den anderen Großeltern 15 Euro.
Wie viel Euro fehlen ihm noch?

Löse die Aufgabe wie bei Aufgabe 1.

3 Anna hat von ihrem Taschengeld 9 Euro gespart. Sie möchte sich dafür gerne im Spielzeugladen neue Sammelkarten mit ...

gespart: 9 €
kaufen: 10 Päckchen
Preis pro Päckchen: 50 ct

a) Schreibe die Geschichte weiter. Es müssen alle Informationen von dem Stichwortzettel vorkommen.
b) Schreibe auch eine Frage auf, bei der man rechnen muss.

4 Tobi wünscht sich eine tragbare Spielekonsole. Dafür hat er schon 58 Euro gespart. Oma und Opa geben ihm 40 Euro. Tante Inge, die gerne Rechenaufgaben stellt, sagt: „Von mir bekommst du dreimal 7 Euro." Tobi wäscht Papas Auto zweimal und bekommt dafür jeweils 5 Euro. Seine Eltern schenken ihm zum Geburtstag 40 Euro. Nun reicht das Geld.
Wie viel Euro kostet die Spielekonsole?

Multiplizieren mit Zehnerzahlen 📖 S. 67

2 · 4 = 8

Dann sind 2 · 40 = 80. Ist doch klar, da muss ich auch nur 2 · 4 rechnen. 2 · 4 Zehner!

3 · 3 = 9
3 · 30 = 90
8 · 2 = 16
8 · 20 = 160
2 · 4 =
2 · 40 =

Und wie viel sind dann 2 · 400?

1 Was fällt dir auf? Was meint Jette? Erkläre.

2 Lege mit dem Material und rechne.

a) 4 · 3   b) 2 · 5   c) 3 · 4   d) 4 · 5
   4 · 3 Z   2 · 5 Z   3 · 4 Z   4 · 5 Z
   4 · 30   2 · 50   3 · 40   4 ·

3 Rechne. Bilde vier weitere Päckchen.

a) 6 · 6   b) 7 · 8   c) 9 · 4   d) 8 · 3   e) 5 · 7   f) 4 · 9
   6 · 6 Z   7 · 8 Z   9 · 4 Z   8 · 3 Z   5 ·   Z   4 ·
   6 · 60   7 · 80   9 · 40   8 ·   5 ·   4 ·

4 Rechne. Finde vier weitere Aufgabenpaare.

a) 6 ·   = 54   b) 3 ·   = 24   c) 7 ·   = 63   d) 5 ·   = 20
   6 ·   = 540   3 ·   = 240   7 ·   = 630   5 ·   =

5 Tauschaufgaben

a) 5 · 60   b) 8 · 90   c) 4 · 70   d) 9 · 30   e) 7 · 50   f) 3 · 20
   60 · 5   90 · 8   70 · 4   90 · 3   50 · 7   20 · 3

6 Rechne.

a) 3 ·   = 150   b) 60 ·   = 420   c) 9 ·   = 180   d) 80 ·   = 640
   40 ·   = 360   50 ·   = 450   8 ·   = 320   7 ·   = 490

7 Finde möglichst viele Malaufgaben, bei denen das Ergebnis größer als 500 ist.

Zehnerzahlen dividieren

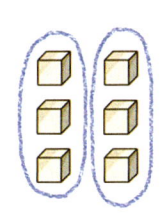

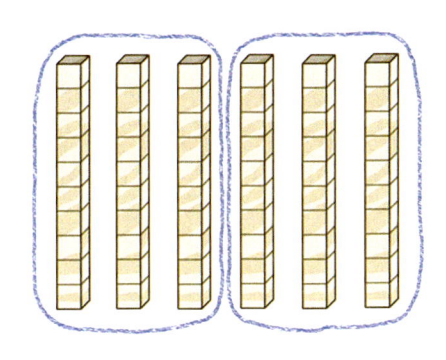

AH S. 68

6 : 2 = 3   60 : 2 =

dividieren = teilen
Division

multiplizieren = malnehmen
Multiplikation

*Hier rechne ich auch zuerst die einfache Aufgabe 6 : 2 = 3.
6 Zehner : 2 = 3 Zehner, das sind 30.*

1 Rechne.

a) 45 : 5   b) 56 : 8   c) 21 : 3   d) 81 : 9   e) 49 : 7
   45 Z : 5   56 Z : 8   21 Z : 3   81 Z : 9   49 Z : 7
   450 : 5   560 : 8   210 : 3   810 : 9   490 : 7

2 Rechne. Finde vier weitere Aufgabenpaare.

a) 45 : 9   b) 35 : 5   c) 28 : 4   d) 64 : 8   e) 36 : 6
   450 : 9   350 : 5   280 :   :   :

3 Schreibe Aufgaben und rechne.

a) Wähle eine Zahl zwischen 5 und 10 und multipliziere sie mit 30.

b) Wähle eine Zahl, multipliziere sie mit 7. Das Ergebnis soll größer als 400 sein.

c) Dividiere 120 durch 3 (4, 6, 10).

4 Für das Jugendschwimmabzeichen Bronze muss Jette 200 m schwimmen. Wie viele 50-Meter-Bahnen sind das?

5 Zahlenrätsel

Wenn ich meine Zahl mit 50 multipliziere und dann 10 addiere, erhalte ich 310.

Wenn ich meine Zahl durch 4 dividiere und dann 20 subtrahiere, erhalte ich 60.

Fliesenmuster

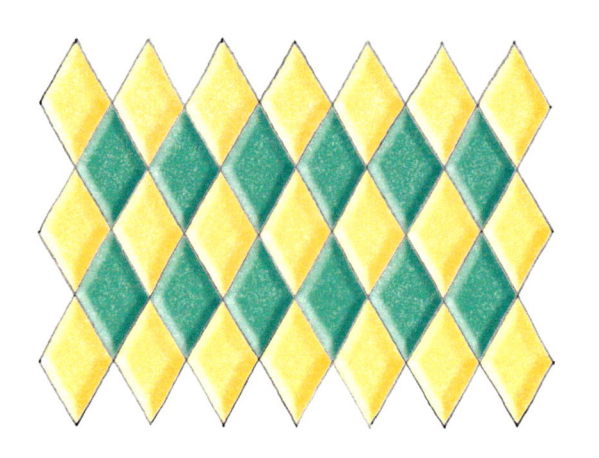

AH S. 69

Parallelogramm
Raute
Trapez
Drachen
unregelmäßiges Viereck

1 Hier siehst du ein Fliesenmuster. Welche Form haben die Fliesen? Beschreibe das Muster.

2 Zeichne das Fliesenmuster auf Dreieckspapier.

3 Schneidet gleich große Rauten aus zwei verschieden farbigen Papieren aus.

4 Legt mit den ausgeschnittenen Rauten verschiedene Fliesenmuster und zeichnet sie auf Dreieckspapier.

Da muss ich aber genau hinschauen.

116

5 Stellt Fliesen in Form von Trapezen und Parallelogrammen her. Verwendet für jede Fliesenform zwei verschieden farbige Papiere.

6 Legt mit den ausgeschnittenen Fliesen Muster. Benutzt für jedes Muster nur eine Form. Zeichnet eure gelegten Muster auf Dreieckspapier.

7 Stelle Fliesen in Form von Drachen und unregelmäßigen Vierecken her. Kannst du auch hier mit nur einer Form Muster legen?

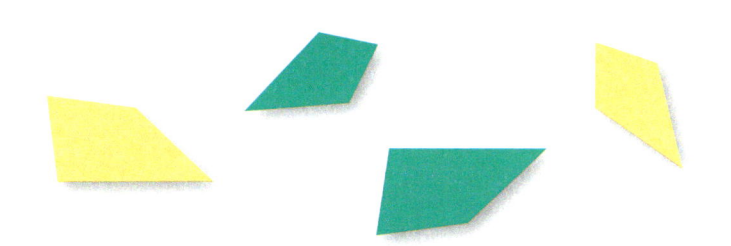

Ich mache mir eine Schablone.

Lege ein Fliesenmuster mit zwei verschiedenen Formen.

Halbschriftliche Multiplikation 1 📖 S. 70

Eine Woche hat 7 Tage.
Ein Tag hat 24 Stunden.

7 mal 24 gleich …?

Wie viele Stunden hat eine Woche?

24 + 24 + 24 + 24 +
24 + 24 + 24 = 168
Tim

7 · 10 = 70
7 · 10 = 70
7 · 4 = 28
70 + 70 + 28 = 168
Jette

5 · 24 = 120
2 · 24 = 48
120 + 48 = 168
Pia

7 · 20 = 140
7 · 4 = 28
140 + 28 = 168
Justus

1 Wie haben die Kinder gerechnet? Welchen Rechenweg findest du einfach?

2 Rechne auf deinem Weg.

a) 2 · 17
    6 · 15
    4 · 13
    5 · 19

b) 2 · 27
    4 · 25
    5 · 24
    6 · 26

So notiere ich meinen Weg.

2 · 17 = 34
―――――――
2 · 10 = 20
2 · 7 = 14
20 + 14 = 34

3 Rechne wie Justus.

a) 6 · 14 =
―――――――
   6 · 10 =
   6 · 4 =
      +   =

b) 3 · 24 =
―――――――
   3 · 20 =
   3 · 4 =
      +   =

c) 3 · 32 =
―――――――
   3 ·   =
   3 ·   =
      +   =

d) 4 · 36 =
―――――――
     ·   =
     ·   =
      +   =

4 Rechne wie Justus.

a) 4 · 17
    6 · 13
    5 · 18

b) 4 · 32
    6 · 51
    5 · 63

c) 2 · 85
    7 · 23
    3 · 73

d) 1 · 47
    9 · 27
    7 · 43

4 · 17 =
4 · 10 =
4 · 7 =
40 + 28 = 68

Und so notiere ich diese Malaufgaben.

```
42 · 6 = 252
40 · 6 = 240
 2 · 6 =  12
240 + 12 = 252
```

5 Rechne wie Jette.

a) 17 · 3 =
10 · 3 =
7 · 3 =
___ + ___ = ___

b) 21 · 7 =
20 · 7 =
1 · 7 =
___ + ___ = ___

c) 36 · 2 =
30 · ___ =
6 · ___ =
___ + ___ = ___

d) 42 · 3 =
___ · ___ =
___ · ___ =
___ + ___ = ___

6 Rechne wie Jette.

a) 42 · 6   b) 44 · 5   c) 33 · 7   d) 27 · 5
e) 74 · 3   f) 64 · 4   g) 47 · 6   h) 23 · 8

7 Rechne wie Justus. Notiere kürzer.

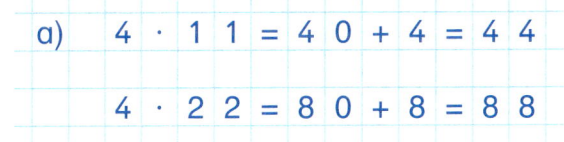

So geht es schneller!

a) 4 · 11 = 40 + 4 = 44
   4 · 22 = 80 + 8 = 88

a) 4 · 11   b) 5 · 12   c) 3 · 15   d) 6 · 12
   4 · 22   5 · 24   3 · 35   6 · 18
   4 · 33   5 · 36   3 · 45   6 · 25
   4 · 44   5 · 48   3 · 65   6 · 33

8 Welche Aufgaben kannst du schon im Kopf rechnen? Notiere bei den anderen Aufgaben den Rechenweg.

a) 4 · 18   b) 5 · 28   c) 20 · 7   d) 40 · 3
   4 · 20   5 · 30   26 · 7   48 · 3
   4 · 24   5 · 21   25 · 7   45 · 3
   4 · 25   5 · 15   27 · 7   47 · 3
   4 · 15   5 · 25   30 · 7   50 · 3

9 Addiere jeweils die beiden Ergebnisse. Was fällt dir auf? Erkläre.

a) 6 · 35   b) 4 · 71   c) 7 · 57   d) 3 · 38   e) 8 · 56
   6 · 65   4 · 29   7 · 43   3 · 62   8 · 44

Halbschriftliche Multiplikation 2 📖 S. 71, 72

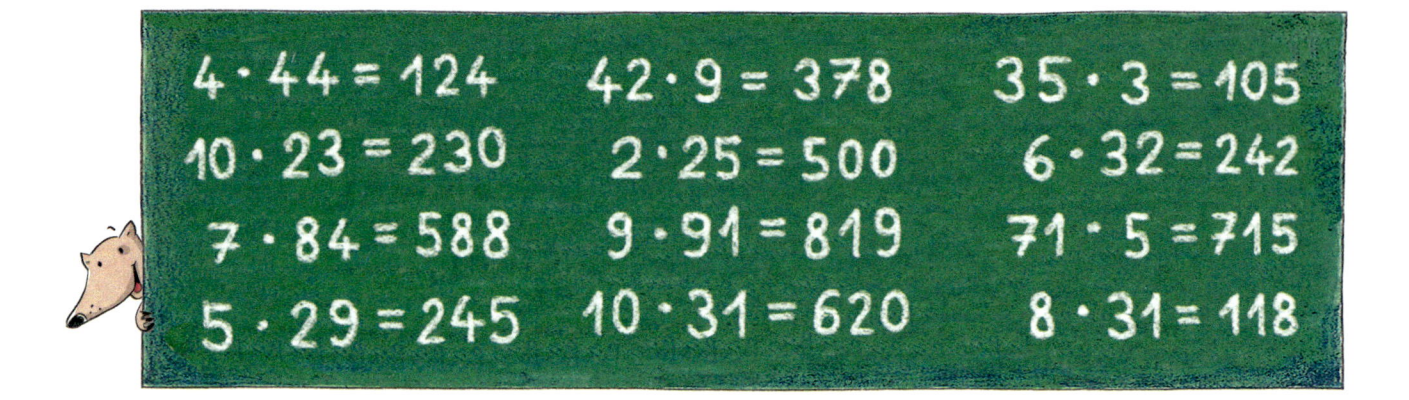

```
 4 · 44 = 124      42 · 9 = 378     35 · 3 = 105
10 · 23 = 230       2 · 25 = 500     6 · 32 = 242
 7 · 84 = 588       9 · 91 = 819    71 · 5 = 715
 5 · 29 = 245      10 · 31 = 620     8 · 31 = 118
```

1 Bei welchen Aufgaben siehst du sofort, dass das Ergebnis zu groß oder zu klein ist? Rechne diese Aufgaben richtig aus.

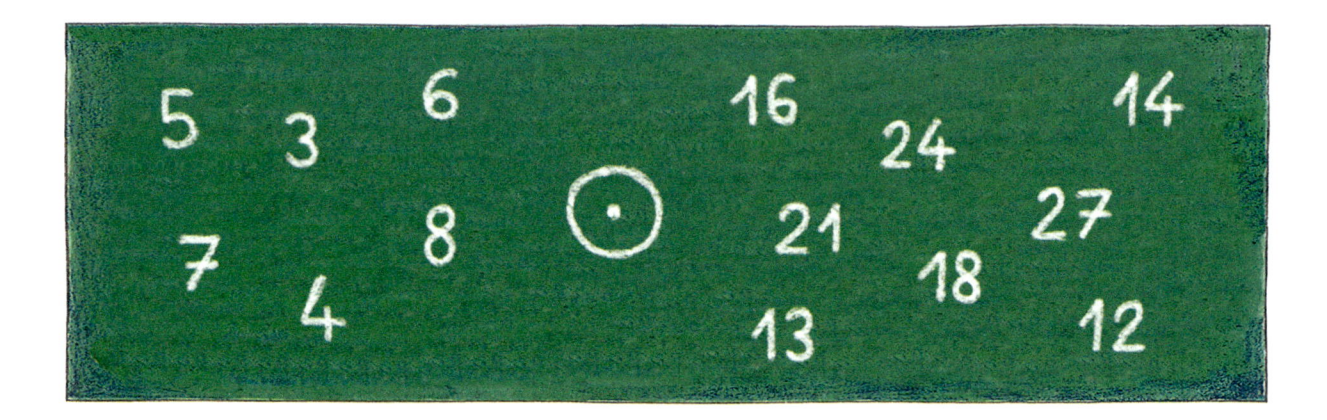

```
   5   3   6           16        14
                          24
                                  27
   7     8     ⊙      21      18
       4              13           12
```

2 Wähle immer zwei Zahlen und multipliziere sie.
Das Ergebnis soll kleiner als 70 sein. Rechne zehn Aufgaben.

$3 \cdot 18 = 54$

3 Wähle immer zwei Zahlen und multipliziere sie. Das Ergebnis soll größer als 70 sein und kleiner als 100. Rechne zehn Aufgaben.

$6 \cdot 16 = 96$

4 Bilde mit diesen drei Ziffern Malaufgaben. ⬜7 ⬜3 ⬜4

z. B. ⬜7 · ⬜4 ⬜3

Wie viele Aufgaben findest du?

5 Bilde immer möglichst viele Aufgaben: a) ⬜8 ⬜3 ⬜4   b) ⬜2 ⬜5 ⬜6

6 Bilde immer die Aufgabe mit dem größten und mit dem kleinsten Ergebnis.

a) ⬜9 ⬜7 ⬜8   b) ⬜3 ⬜6 ⬜9   c) ⬜2 ⬜8 ⬜4   d) ⬜7 ⬜5 ⬜3

4 · 225

```
4 · 225 = 900
─────────────
4 · 200 = 800
4 ·  20 =  80
4 ·   5 =  20
          Julia
```

```
4 · 225 = 900
─────────────
4 · 200 = 800
4 ·  25 = 100
          Ali
```

```
4 · 225 = 900
─────────────
2 · 225 = 450
2 · 225 = 450
          Jette
```

```
4 · 225 = 900
─────────────
4 · 220 = 880
4 ·   5 =  20
          Olli
```

```
4 · 225 =
800 + 80 + 20 = 900
          Tim
```

```
4 · 225 = 900
─────────────
4 ·   5 =  20
4 ·  20 =  80
4 · 200 = 800
          Jana
```

7 Wir rechnest du die Aufgabe?
Ist dein Weg dabei?

8 Rechne wie Julia.

a) 3 · 125 =
   3 · 100 =
   3 · 20 =
   3 ·   5 =

b) 5 · 142 =
   5 · 100 =
   5 · 40 =
   5 ·   2 =

c) 175 · 2 =
   100 · 2 =
    70 · 2 =
     5 · 2 =

d) 255 · 3 =
   200 · 3 =
    50 · 3 =
     5 · 3 =

9 Rechne auf deinem Weg.

a) 2 · 316
   2 · 356
   2 · 376
   2 · 386

b) 5 · 128
   5 · 148
   5 · 158
   5 · 178

10 Notiere die Kurzform wie Justus.

4 · 242 = 800 + 160 + 8 =

a) 4 · 242
   4 · 202
   4 · 232
   4 · 212

b) 3 · 278
   3 · 225
   3 · 245
   3 · 264

11 Übertrage die Tabellen in dein Heft und rechne.

a)
·	40	8	48
5			
6			
7			

b)
·	70	3	73
3			
4			
5			

c)
·	200	34	234
1			
2			
0			

Mit Würfeln bauen

AH S. 73

Justus und Jette haben größere Würfel gebaut.

1 Justus hat zu seinem Würfel einen Bauplan gezeichnet:

a) Erkläre den Bauplan.
b) Wie viele kleine Würfel hat Justus gebraucht?
c) Zeichne für Jettes Würfel einen Bauplan.
d) Wie viele kleine Würfel brauchst du für Jettes Würfel?

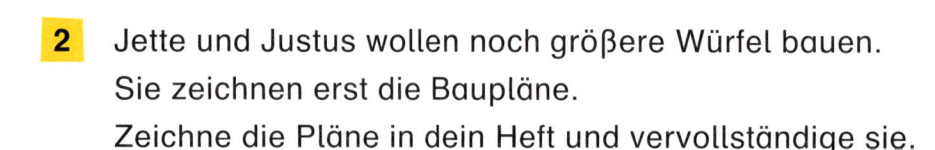

2	2
2	2

2 Jette und Justus wollen noch größere Würfel bauen.
Sie zeichnen erst die Baupläne.
Zeichne die Pläne in dein Heft und vervollständige sie.

Würfelgebäude Bauplan

A

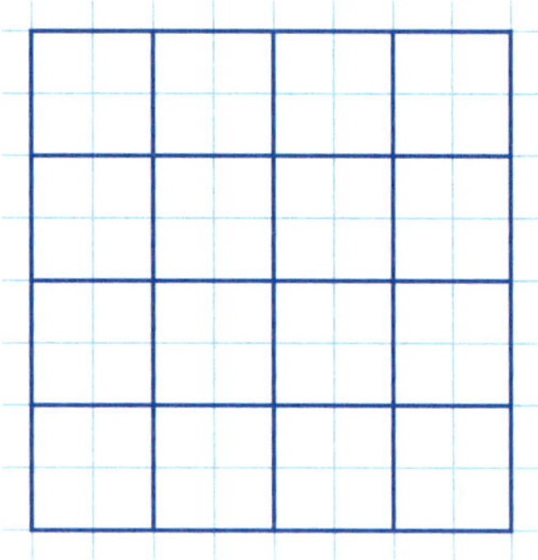

B

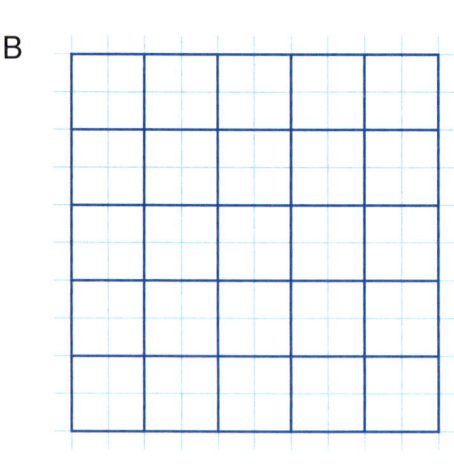

Wie viele Stockwerke haben die Würfel?

Wie viele kleine Würfel brauchen Jette und Justus für Würfel A und Würfel B?

3 Wie viele kleine Würfel brauchen sie für den nächstgrößeren Würfel?

4 a) Ordne Würfelgebäude und passenden Bauplan einander zu.

A   B    C 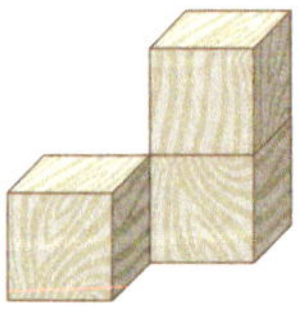   D

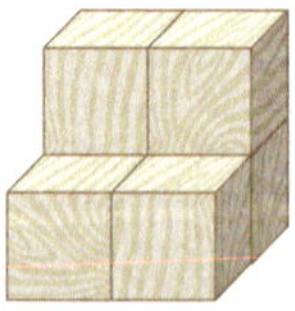

1
2	1
1	0

2
2	2
1	1

3
1	2
1	1

4
0	2
1	0

b) Wie viele kleine Würfel brauchst du, um die Gebäude zu Justus' Würfel zu ergänzen?

5 a) Welches Würfelgebäude passt zu diesem Bauplan?

2	3	2
2	2	1
1	1	0

A   B   C

b) Zeichne die Baupläne für die beiden anderen Würfelgebäude.

6 a) Zeichne die Baupläne.

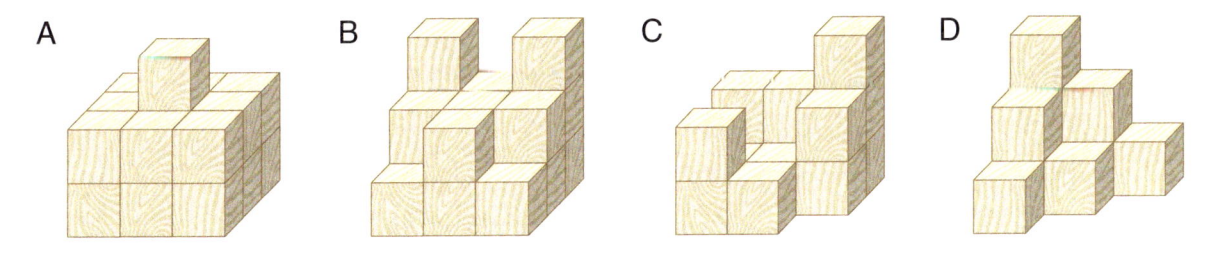

A   B   C   D

b) Wie viele kleine Würfel brauchst du, um die Gebäude zu Jettes Würfel zu ergänzen?

7 Zu einem Würfel zusammensetzen – immer zwei Teile gehören zusammen.

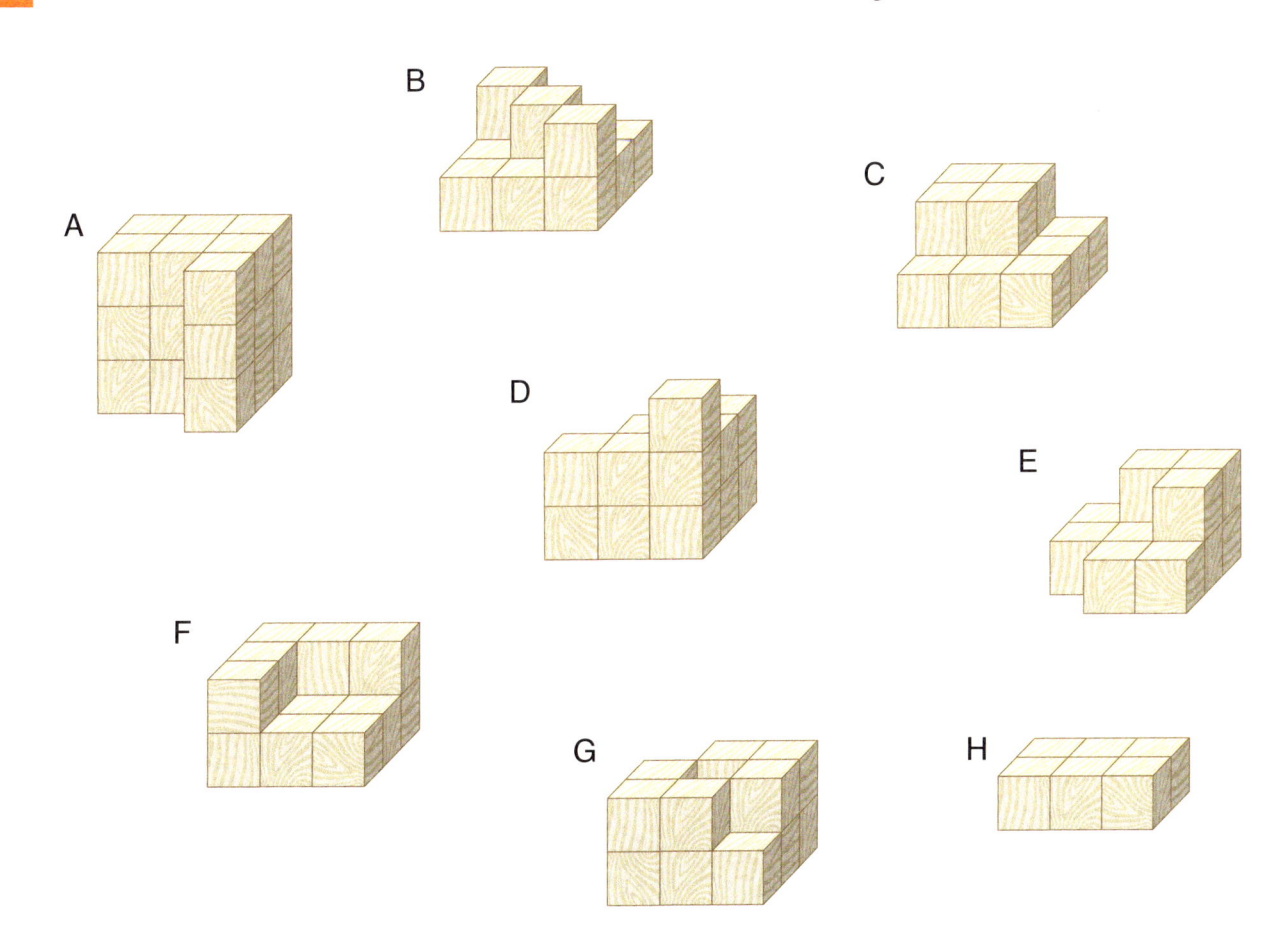

A   B   C   D   E   F   G   H

123

Kombinatorik

AH S. 76

Hauptgerichte
Pizza ⊙
Nudeln mit Tomatensoße
Schnitzel mit Pommes frites

Nachspeisen
Eis
Obstsalat

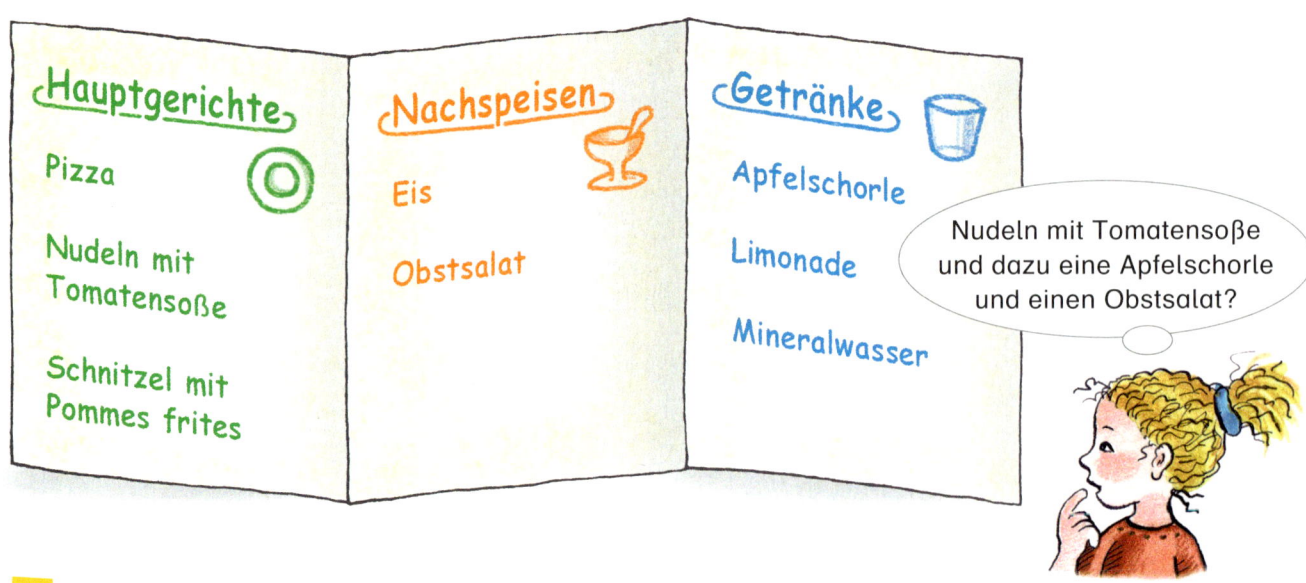

Getränke
Apfelschorle
Limonade
Mineralwasser

Nudeln mit Tomatensoße und dazu eine Apfelschorle und einen Obstsalat?

1 Erzähle: Was gehört zu einem Kindermenü?
Was würdest du wählen?

2 Findet viele verschiedene Möglichkeiten für ein Kindermenü.
Wählt immer ein Hauptgericht ⊙, eine Nachspeise 🍷 und ein Getränk 🥛. Notiert jede neue Möglichkeit auf einem neuen Zettel.

(P) (E) (M)

3 Habt ihr alle Möglichkeiten gefunden?

a) Vergleicht eure Ergebnisse.
Wie viele verschiedene Möglichkeiten habt ihr gefunden?

b) Ordnet die verschiedenen Möglichkeiten und gestaltet ein Plakat. Könnt ihr sie so anordnen, dass man sieht, ob ihr alle Möglichkeiten gefunden habt?

c) Präsentiert eure Ergebnisse.

4

Baumdiagramm kombinieren

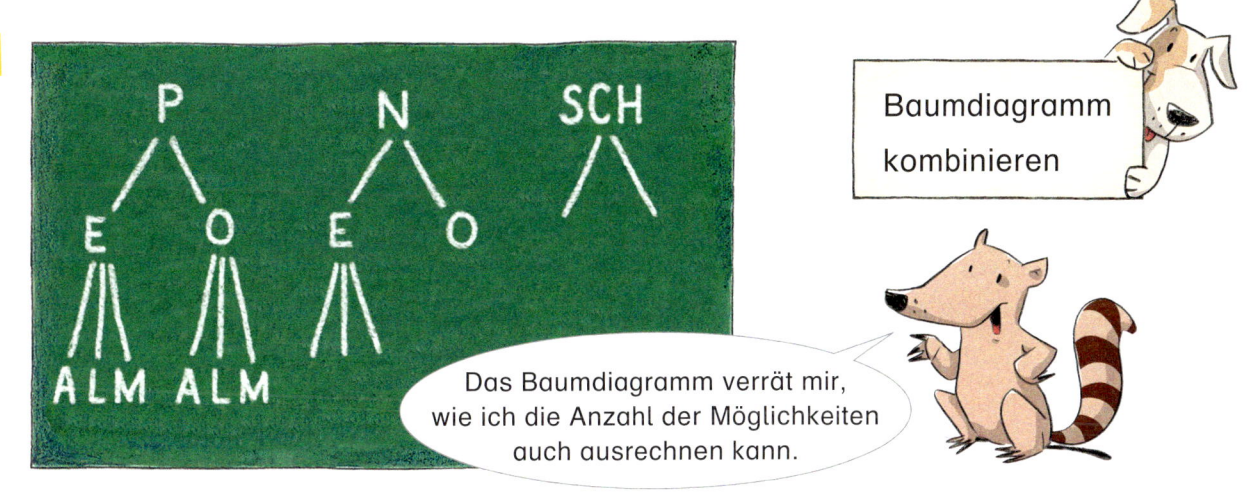

Das Baumdiagramm verrät mir, wie ich die Anzahl der Möglichkeiten auch ausrechnen kann.

a) Die Klasse 3b hat begonnen, alle Möglichkeiten in einem Baumdiagramm darzustellen. Erkläre, wie die Möglichkeiten angeordnet sind.

b) Zeichne das Baumdiagramm vollständig in dein Heft.
Wie viele Möglichkeiten gibt es?

5 Wie viele Möglichkeiten gäbe es bei einem Kindermenü mit 3 Hauptgerichten, 3 Getränken und 3 Nachspeisen?

Hauptgerichte
Hamburger
Fischstäbchen
Hot Dog
Schnitzel

Beilagen
Pommes frites
Salat
Nudeln

Getränke
Orangensaft
Limonade

Wähle eine Aufgabe aus:

6 Wähle immer ein **Hauptgericht** und eine **Beilage**.
Zeichne ein Baumdiagramm.
Wie viele Möglichkeiten gibt es?

7 Wähle immer ein **Hauptgericht**, eine **Beilage** und ein **Getränk**.
Zeichne ein Baumdiagramm.
Wie viele Möglichkeiten gibt es?

8 Erfinde eine Speisekarte mit 4 **Hauptgerichten**, 4 **Nachspeisen** und 2 **Getränken**.
Zeichne ein Baumdiagramm.
Wie viele Möglichkeiten gibt es?

Knobeleien

AH S. 77

Wer hat jetzt richtig gerechnet?

4 + 5 · 2 = 14
40 − 20 : 2 = 30

4 + 5 · 2 = 18
40 − 20 : 2 = 10

Pst! **P**unktrechnung vor **S**trichrechnung. Also erst · oder :, dann + oder − rechnen.

1 a) Warum haben Justus und Jette unterschiedliche Ergebnisse? Erkläre.
b) Welche Aufgaben sind richtig gerechnet?

2 Rechne. Denke an die Rechenregel.

a) 8 · 7 − 6　　b) 9 + 3 · 8　　c) 300 − 2 · 50　　d) 150 : 5 − 10

e) 30 − 5 · 6　　f) 5 · 7 + 5　　g) 100 · 2 + 50　　h) 80 + 3 · 20

3 Rechne. Denke an die Rechenregel.

a) 6 · 9 − 4　　b) 3 + 3 · 4　　c) 140 − 4 · 5　　d) 180 : 6 + 20

e) 100 − 10 · 5　　f) 3 · 60 + 20　　g) 210 − 30 : 6　　h) 10 + 70 · 7

4 Setze die richtigen Rechenzeichen ein: +, −, ·, :.

a) 5 · 4 ○ 8 = 28　　b) 20 ○ 4 + 5 = 10　　c) 3 · 2 ○ 4 = 10

d) 30 ○ 3 − 10 = 0　　e) 12 − 2 ○ 10 = 20　　f) 50 : 10 ○ 5 = 10

5 Setze die richtigen Rechenzeichen ein: +, −, ·, :.

a) 4 ○ 50 ○ 4 = 50　　b) 250 ○ 5 ○ 5 = 10　　c) 6 ○ 50 ○ 20 = 280

d) 360 ○ 4 ○ 10 = 100　　e) 500 ○ 50 ○ 50 = 400　　f) 120 ○ 4 ○ 30 = 0

6 Setze die richtigen Rechenzeichen ein. Denke an die Rechenregel.

a) 250 ○ 50 ○ 50 = 251　　b) 120 ○ 30 ○ 5 = 114　　c) 1000 ○ 250 ○ 2 = 500

7 Zahlenspielerei

1. Denke dir eine Zahl zwischen 10 und 100.
2. Multipliziere die Zahl mit 10.
3. Addiere zu deinem Ergebnis 10.
4. Streiche die letzte Ziffer durch.
5. Subtrahiere das Ergebnis von 1000.
6. Addiere deine gedachte Zahl.
7. Vergleiche mit deinen Nachbarn.

Zahlenfolgen

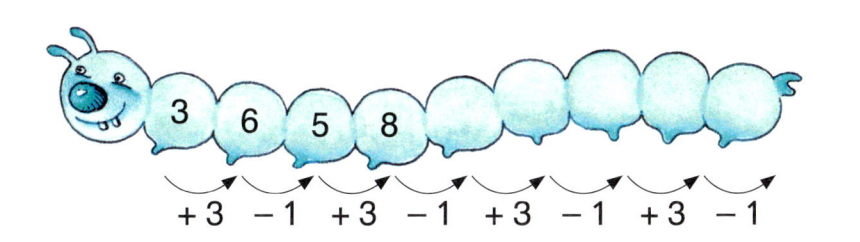

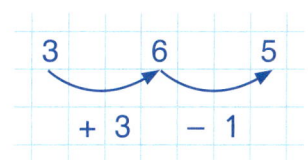

AH S. 77

3 6 5 8 ...
+3 −1 +3 −1 +3 −1 +3 −1

3 → 6 → 5
+3 −1

1 Wie geht es weiter? Notiere auch die Rechenzeichen.

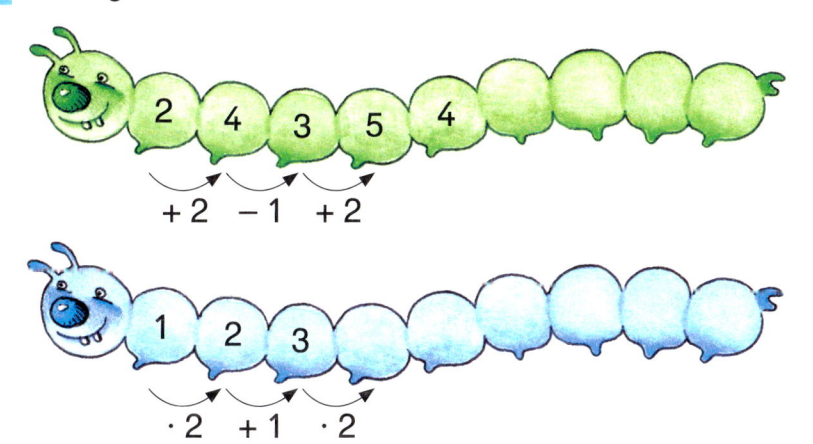

2 4 3 5 4 ...
+2 −1 +2

1 2 3 ...
·2 +1 ·2

Das gilt für alle Raupen.

immer abwechselnd

2 Wie geht es weiter? Notiere auch die Rechenregel.

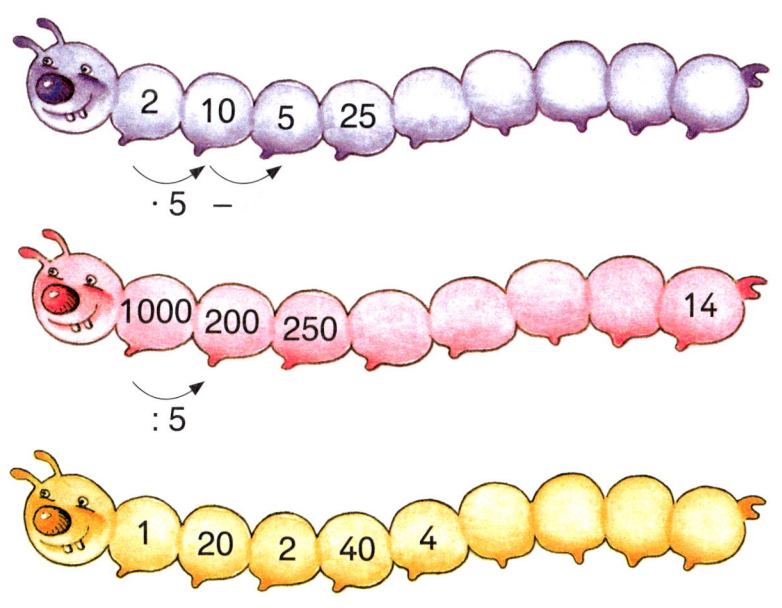

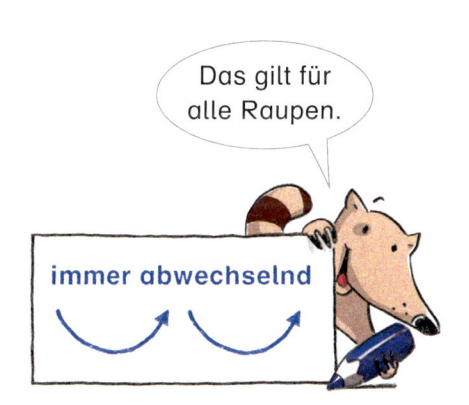

2 10 5 25 ...
·5 −

1000 200 250 ... 14
:5

1 20 2 40 4 ...

3 Wie geht es weiter? Finde zwei verschiedene Möglichkeiten und notiere die Rechenregeln.

2 7 14 19 ...

Erfinde eigene Zahlenraupen.

Üben und wiederholen

AH S. 78, 79

1 Ergänze zum nächsten Hunderter.

a) 302 + ▨ = ▨   b) 869 + ▨ = ▨   c) ▨ + 54 = ▨   d) ▨ + 19 = ▨

2 Addiere zum Ergebnis immer 36, bis du einen glatten Hunderter als Ergebnis erhältst.

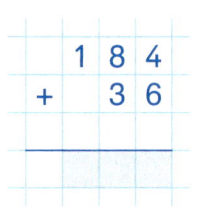

```
   1 8 4
 +   3 6
 ───────
```

3 Subtrahiere schriftlich.

a) 447 − 234   b) 851 − 520   c) 673 − 356   d) 823 − 658   e) 514 − 279

4 Bilde mit den Ziffernkärtchen die größtmögliche dreistellige Zahl. Subtrahiere davon alle weiteren dreistelligen Zahlen, die du aus den restlichen Ziffernkärtchen bilden kannst.

1   2   4
6   7   9

5 Bilde aus den Ziffernkärtchen eine dreistellige und eine zweistellige Zahl. Die Summe beider Zahlen soll immer 456 ergeben.

6   8   0   7   3

6 Ergänze die Lücken. Denke an die Überträge.

a)   3 _ 6   b)   4 7 5   c)   _ 5 8   d)   _ 4 7   e)   5 3 7
   + 4 2 3   + 2 _ _   +   _ 3   − 2 0 5   −   6 2
   ─────────   ─────────   ─────────   ─────────   ─────────
     _ 6 _   _ 9 2   8 9   4 4 2   1 7 5

7 Rechne im Kopf.

a) 3 · 18   5 · 13   9 · 11   10 · 17   9 · 14   6 · 15

b) 12 · 4   15 · 3   14 · 7   13 · 6   11 · 8   13 · 9

c) 3 · 70   6 · 80   9 · 50   4 · 80   7 · 60   8 · 90

8 Rechne im Kopf.

a) 28 : 2   70 : 5   84 : 7   90 : 6   60 : 5   48 : 3

b) 240 : 6   270 : 9   400 : 8   450 : 5   280 : 4   490 : 7

c) 360 : 60 810 : 90 480 : 60 210 : 70 240 : 40 500 : 50

9 Rechne halbschriftlich.

a) 8 · 108   b) 5 · 125   c) 3 · 287   d) 329 · 3   e) 237 · 4   f) 153 · 6

Im Zeltlager

1 Im Zeltlager gibt es nur Sechserzelte und Achterzelte. Es sind vier Sechserzelte und vier Achterzelte aufgebaut.
a) Wie viele Kinder können höchstens im Zeltlager übernachten, wenn in jedem Zelt auch immer ein Betreuer schläft?
b) Wie viele Zelte müssen noch aufgebaut werden, damit genau 60 Kinder Platz finden? Denke daran, dass in jedem Zelt auch ein Betreuer übernachtet.

2 Die Gruppe von Justus und Jette macht mit ihrem Betreuer eine Wanderung zur Burgruine. Sie gehen um 13.35 Uhr los. Nach einer Stunde und 20 Minuten kommen sie an. Dort bleiben sie 45 Minuten. Für den Rückweg brauchen sie eine Stunde und 15 Minuten. Wie viel Freizeit haben sie noch, wenn es um 18.00 Uhr Abendessen gibt?

3 Beim Fußballturnier machen fünf Mannschaften mit. Alle Mannschaften spielen einmal gegeneinander. Wie viele Spiele werden ausgetragen?

4 Das Zeltlager dauert fünf Tage. Morgens, mittags und abends müssen die Kinder beim Küchendienst helfen. Zu jeder Mahlzeit werden immer vier Kinder eingeteilt.
a) Kommt jedes Kind einmal mit Küchendienst dran?
b) Wie viele Kinder müssten zweimal Küchendienst machen, wenn das Zeltlager zwei Tage länger dauern würde?

Schriftliches Subtrahieren –

AH S. 80

Es gibt verschiedene Möglichkeiten, schriftlich zu subtrahieren.
Das Ergänzen ist eine davon.

1 Löse Minusaufgaben durch Ergänzen. Beginne bei den Einern.
Rechne immer von unten nach oben.

Oben 10 Zehner dazu und unten 1 Hunderter dazu.

	H	Z	E
		(10)	
	3	1	5
−	1	8	2
Übertrag	1		
	1	3	3

8 Zehner + …. = 1 Zehner, das geht nicht. Ich rechne 8 Zehner + 5 Zehner = 11 Zehner.

2 E + 3 E = 5 E, schreibe 3.
8 Z + 3 Z = 11 Z, schreibe 3, **übertrage 1**.
2 H + 1 H = 3 H, schreibe 1.

2 Übertrag oder nicht? Erkennst du das, bevor du rechnest?

```
  3 8 2      8 4 3      4 5 3      7 6 4      2 5 9      5 8 7
− 1 7 5    − 6 9 1    − 3 2 1    − 5 8 2    − 1 6 8    − 2 2 4
```

3 Wo entsteht ein Übertrag? Erkennst du das, bevor du rechnest?

```
  6 5 2      9 2 4      3 1 6      4 6 5      5 8 2      7 6 9
− 4 1 3    − 7 3 1    − 1 5 4    − 2 3 8    − 3 4 7    − 5 7 9
```

Kontrolliere mit der Umkehraufgabe.

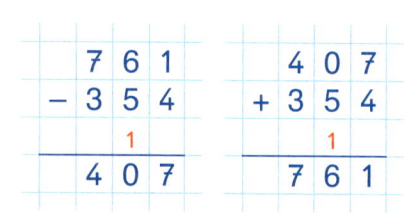

```
  7 6 1        4 0 7
− 3 5 4      + 3 5 4
      1          1
  4 0 7        7 6 1
```

Mein Tipp!

Tipp

▪ Lege mit den Ziffernkarten zwei dreistellige Zahlen und subtrahiere.

a) Bilde Minusaufgaben ohne Übertrag.
b) Bilde Minusaufgaben mit einem Übertrag.

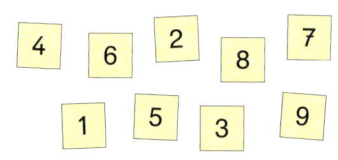

4 6 2 8 7
1 5 3 9

Ergänzen

4 Zweimal Übertrag ausführlich:

H	Z	E
	¹⁰	¹⁰
4	5	3
−2	8	5
₁	₁	
1	6	8

5 E + 8 E = 13 E;
schreibe 8, übertrage 1.
9 Z + 6 Z = 15 Z;
schreibe 6, übertrage 1.
3 H + 1 H = 4 H,
schreibe 1.

kürzer:

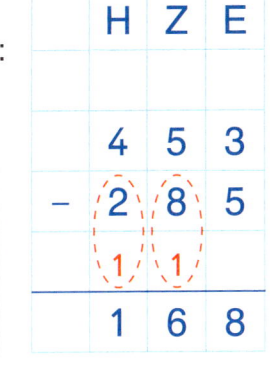

H	Z	E
4	5	3
−2	8	5
₁	₁	
1	6	8

```
  4 5 3      7 2 5      5 6 4      4 3 2      5 4 2      9 7 6
− 2 8 5    − 4 3 6    − 1 9 8    − 2 6 5    − 3 8 7    − 5 8 9
```

5 Schreibe stellengerecht untereinander und subtrahiere.

a) 347 − 126   b) 752 − 319   c) 628 − 290   d) 932 − 657
   583 − 71   441 − 115   836 − 95   777 − 88
   698 − 460   293 − 76   557 − 396   624 − 536

6 Bei welchen Aufgaben findest du Fehler? Welche Fehler wurden gemacht? Notiere.

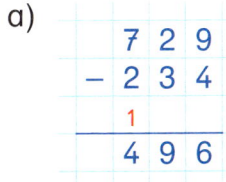

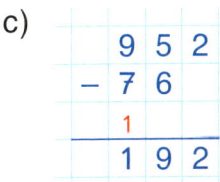

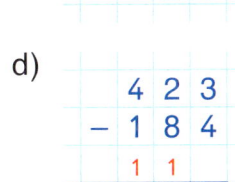

a)
```
  7 2 9
− 2 3 4
  1
  4 9 6
```

b)
```
  5 8 1
− 3 6 8
  2 2 7
```

c)
```
  9 5 2
−   7 6
    1
  1 9 2
```

Diese Beschreibungen können helfen:

Übertrag vergessen

d)
```
  4 2 3
− 1 8 4
  1 1
  2 3 9
```

e)
```
  6 1 8
− 4 7 0
  2 4 8
```

f)
```
  2 9 4
− 1 6 8
      1
  1 2 6
```

falsche Rechenrichtung

falsch untereinandergeschrieben

Rechenfehler

Schreibe falsch berechnete Aufgaben ins Heft und rechne sie richtig.

📓 Lege mit den Ziffernkarten Minusaufgaben mit zwei dreistelligen Zahlen. Notiere sie im Heft und rechne.

a) Lege Aufgaben mit möglichst großem Ergebnis.
b) Lege Aufgaben mit möglichst kleinem Ergebnis.
c) Lege Aufgaben, deren Ergebnis zwischen 300 und 400 liegt.
d) Lege Aufgaben mit dem Ergebnis 222, 333, 444, 555, 666.

1	2	3
4	5	6
7	8	9

131

Mathe-Lexikon

Zahlen

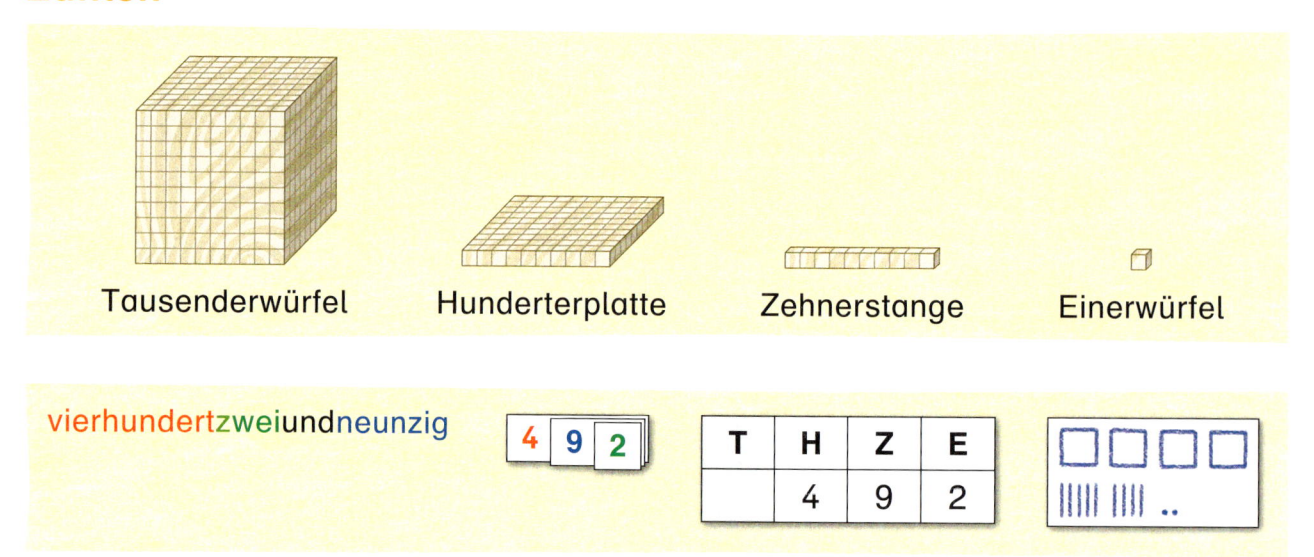

Tausenderwürfel · Hunderterplatte · Zehnerstange · Einerwürfel

vierhundertzweiundneunzig   4 9 2 | T | H | Z | E |
                                    | | 4 | 9 | 2 |

Rechnen

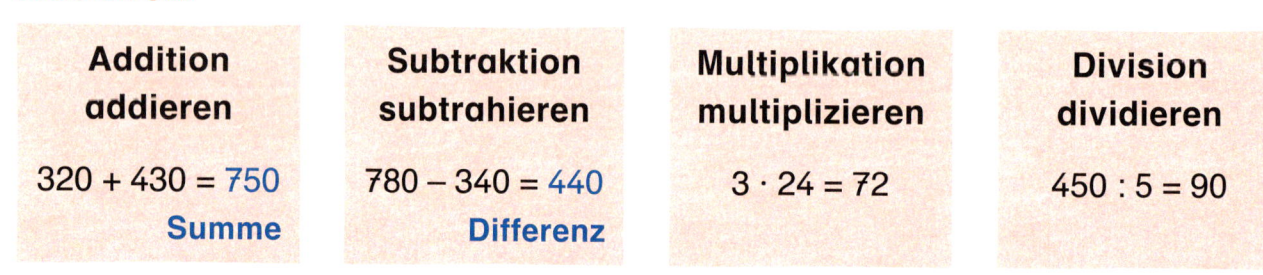

Addition
addieren
320 + 430 = 750
Summe

Subtraktion
subtrahieren
780 − 340 = 440
Differenz

Multiplikation
multiplizieren
3 · 24 = 72

Division
dividieren
450 : 5 = 90

Geometrie

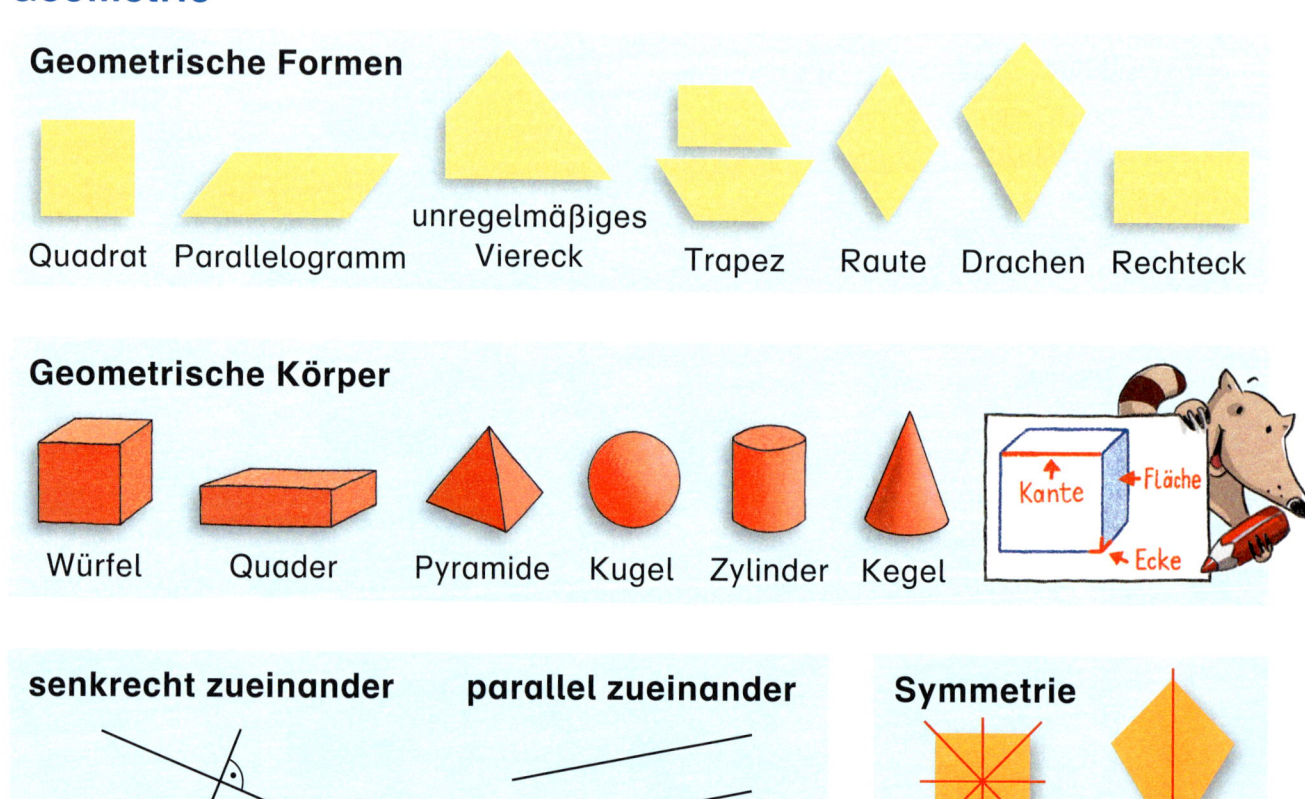

Geometrische Formen

Quadrat · Parallelogramm · unregelmäßiges Viereck · Trapez · Raute · Drachen · Rechteck

Geometrische Körper

Würfel · Quader · Pyramide · Kugel · Zylinder · Kegel

Kante · Fläche · Ecke

senkrecht zueinander   parallel zueinander   **Symmetrie**

Würfelnetze

Größen

Zeit

Sekunde s
Minute min
Stunde h

1 min = 60 s
1 h = 60 min

Zeit

1 Tag hat 24 Stunden.
1 Woche hat 7 Tage.
1 Monat hat 31 Tage oder 30 Tage oder 28 (29) Tage.
1 Jahr hat 12 Monate.
1 Jahr hat 365 (366) Tage.

Geld

1 Euro = 100 Cent
1 € = 100 ct

Das Komma trennt Euro und Cent:
86 € 59 ct = 86,59 €

Längen

Millimeter mm
Zentimeter cm
Meter m
Kilometer km

1 cm = 10 mm
1 m = 100 cm
1 km = 1000 m

4 m 25 cm	2 m 7 cm	6 cm
425 cm	207 cm	6 cm
4,25 m	2,07 m	0,06 m

Gewichte

Gramm g
Kilogramm kg

1 kg = 1000 g

4 kg 700 g = 4,700 kg
4 kg 70 g = 4,070 kg
4 kg 7 g = 4,007 kg

Vergleichsgewichte:

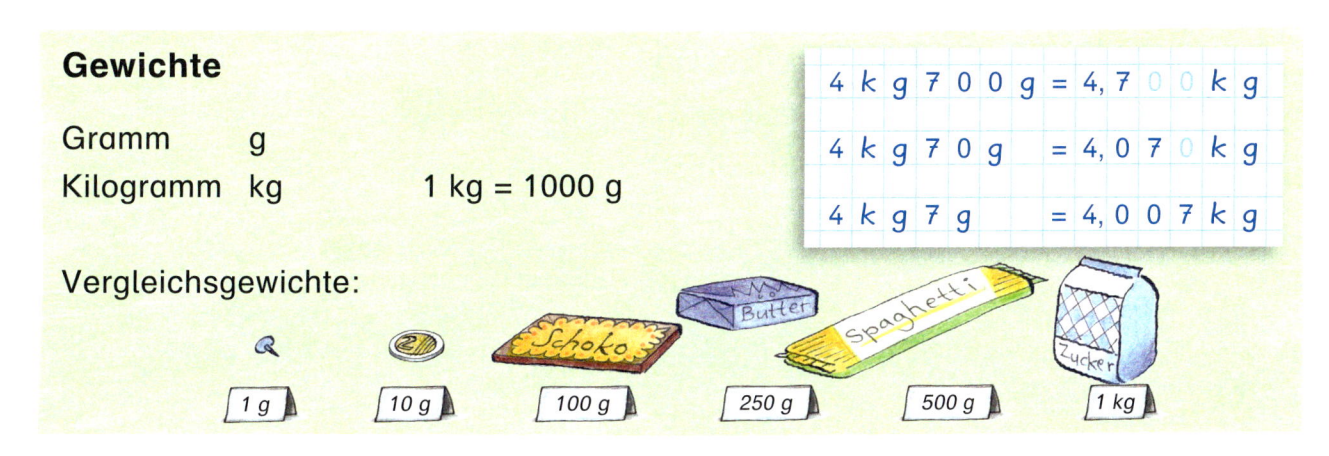

1 g | 10 g | 100 g | 250 g | 500 g | 1 kg

133

Mathematische Inhaltsübersicht

Thema	Seite	Inhalt
Ferienzeit in Deutschland und anderswo	4	– Informationen aus einer Tabelle entnehmen – Rechnen mit Zeit
Wiederholung: Rechenwege (+) Wiederholung: Rechenwege (−)	6	– Wiederholung von Addition und Subtraktion im Zahlenraum bis 100
Aufgaben mit Ziffernkarten (+) Aufgaben mit Ziffernkarten (−)	8	– Addition und Subtraktion von zweistelligen Zahlen
Daten aus der Schule	10	– Aus einer Tabelle/Säulendiagramm Daten entnehmen – Informationsgehalt von Tabelle und Säulendiagramm vergleichen – Tabelle anlegen/Säulendiagramm erstellen
Entdeckungen an Rechenmauern Rechendreiecke	12	– Rechenmauern lösen, Muster erkennen und beschreiben – Knobeldreiecke lösen
Nase vorn	14	– Räumliche Orientierung
Das Einmaleins üben	16	– Wiederholung der Kernaufgaben und Quadrataufgaben – Üben der restlichen Malaufgaben
Einmaleinstafel Einmaleinsspiele	18	– Strukturen innerhalb der Einmaleinstafel erkennen – Automatisieren des Einmaleins
Malnehmen und teilen	20	– Übungen zur Multiplikation und Division
Teilen üben	22	– Übungen zur Division
Mal-Plus-Häuser 1	24	– Übungen zur Addition und Multiplikation
Schätzen und zählen Hunderter – Zehner – Einer	26	– Große Anzahl schätzen – Darstellungen einer großen Anzahl verstehen und lesen – Schreibweise von Zahlen über 100 kennenlernen
Große Zahlen Stellenwerte	28	– Stellenverständnis von großen Zahlen vertiefen – Zahlbilder lesen und darstellen
Das Tausenderfeld	30	– Zahlen am Tausenderfeld ablesen – Stellenverständnis von großen Zahlen vertiefen – Erstes Rechnen im Zahlenraum bis 1000
Das Tausender-Leporello	32	– Struktur des Tausenderraums vertiefen
Zahlenstrahl und Rechenstrich	34	– Zahlen am Zahlenstrahl ordnen – Zahlgefühl und Zahlenblick entwickeln – Rechnen mit großen Zahlen
Zahlen an der Stellenwerttafel	36	– Stellenwertverständnis vertiefen
Rechnen mit Geld	38	– Sämtliche Münzen und Scheine kennen – Geldbeträge (mit möglichst wenigen Münzen und Scheinen) legen
Kinderflohmarkt Schule in der Kiste	40	– Sachaufgaben zum Thema Geld lösen
Spiegelbilder Spiegelbilder am Geobrett	42	– Spiegelbilder erkennen – Spiegelbilder am Geobrett erzeugen
Rechnen im Kopf	44	– Kopfrechnen beziehungshaltig üben
Über und unter den Hunderter Aufgaben an der Hundertertafel	46	– Einfache Aufgaben mit Übergang im Kopf lösen – Aufgaben an der Hundertertafel lösen
Minuten und Sekunden	48	– Sekunden genau ablesen können – Größenvorstellung von Sekunde und Minute entwickeln
Wahrscheinlichkeit	50	– Erfahrungen zur Wahrscheinlichkeit machen – Begriffe festigen
Rechenwege bei der Addition	52	– Verschiedene Rechenwege und Notationsformen kennenlernen, erproben und individuell anwenden
Von einfachen zu schwierigen Aufgaben (+)	54	– Vorteilhaft rechnen

Thema	Seite	Inhalt
Rechenwege bei der Subtraktion Geschickt rechnen	56	– Verschiedene Rechenwege und Notationsformen kennenlernen, erproben und individuell anwenden
Von einfachen zu schwierigen Aufgaben ⊖	58	– Vorteilhaft rechnen
Das Pascalsche Dreieck	60	– Entdeckungen am Pascalschen Dreieck machen – Entdeckungen in der Gruppe präsentieren
Lustige Rechengeschichten	62	– Rechengeschichten lösen – Nicht lösbare Rechengeschichten finden und erkennen, welche Angaben zum Lösen fehlen – Rechengeschichten selbst erfinden
Geometrische Körper untersuchen	64	– Körpermodelle herstellen und miteinander vergleichen
Würfelnetze	66	– Körpernetze von Würfeln herstellen und untersuchen – Kopfgeometrische Übungen mit Würfelnetzen
Millimeter und Zentimeter Meter und Zentimeter	68	– Sprungweiten miteinander vergleichen und zeichnen – Strecken messen und zeichnen – Einführung der Kommaschreibweise
Rechnen mit Längen	70	– Längenangaben umwandeln – Mit Längen rechnen – Vorstellung von Längen entwickeln
Flächen vergleichen	72	– Größenvergleich von Flächen am Geobrett
Tageslängen und Jahreszeiten	74	– Sich am Kalender orientieren – Zeitspannen berechnen
Bildschirmzeit – Bewegungszeit	76	– Daten aus einem Säulendiagramm entnehmen – Ein eigenes Säulendiagramm entwickeln – Zeitspannen berechnen
Schriftliches Addieren	78	– Rechenverfahren der schriftlichen Addition kennenlernen und anwenden
Addieren üben … mit Kommazahlen – Überschlag	80	– Additionsaufgaben im Kopf oder schriftlich rechnen – Kommazahlen schriftlich addieren – Durch Überschlagen abschätzen, ob das Geld reicht
Verschiedene Vierecke	82	– Verschiedene Vierecke aus Dreiecken zusammensetzen – Verschiedene Vierecke kennenlernen und vergleichen – Verschiedene Vierecke am Geobrett spannen
Senkrecht zueinander Parallel zueinander	84	– Einen Faltwinkel herstellen und damit Vierecke auf rechte Winkel untersuchen – Verschiedene Vierecke zeichnen – Parallele Linien markieren
Meter und Kilometer	86	– Längen schätzen und messen – Lösungshilfen entwickeln und anwenden – Wegstrecken ermitteln
Unterwegs im Zoo Entfernungen	88	– Sich Längen bewusst machen – Informationen aus Darstellungen entnehmen
Schriftliches Subtrahieren – Abziehen	90	– Rechenverfahren der schriftlichen Subtraktion (Abziehverfahren) kennenlernen und anwenden (auf S. 130/131 finden Sie als Alternative das Ergänzungsverfahren)
Schriftliches Subtrahieren – Rechnen mit Nullen	92	– Aufgaben mit Nullen im Minuenden lösen
Schriftlich addieren üben AHA-Zahlen	94	– Festigen der schriftlichen Addition durch operatives Üben („Tintenklecksaufgaben") – Schriftliche Subtraktion üben – Entdeckungen und Erkenntnisse verbalisieren

Mathematische Inhaltsübersicht

Thema	Seite	Inhalt
Auf Symmetrie überprüfen	96	– Symmetrie erkennen – Figuren symmetrisch ergänzen
Bahngeschichten	98	– Sachaufgaben zum Thema Bahnhof lösen
Wiegen und vergleichen	100	– Gewichte schätzen, messen und vergleichen
Die rückenfreundliche Schultasche	102	– Gewichte abschätzen können – Mit Gewichten rechnen
Informationen entnehmen	104	– Informationen aus Texten entnehmen, zwischen relevanten und nicht relevanten Informationen unterscheiden – Aussagen überprüfen
Mal-Plus-Häuser 2	106	– Wiederholung des kleinen Einmaleins
Vielfache von Zahlen Teiler von Zahlen	108	– Teilbarkeit durch 2, 5 und 10 – Vielfache und Teiler von Zahlen finden – Teilbarkeit überprüfen
Sachrechen-Knacknüsse	110	– Komplexe Sachprobleme lösen – Lösungshilfen kennenlernen und anwenden
Taschengeld Sachrechen-Tipps	112	– Sachaufgaben zum Thema Taschengeld lösen – Lösungshilfen anwenden
Multiplikation mit Zehnerzahlen	114	– Analogie zwischen kleinem Einmaleins und dem Einmaleins mit Zehnerzahlen erkennen und zum Rechnen nutzen
Zehnerzahlen dividieren	115	– Analogie zwischen kleinem Einmaleins und dem Einmaleins mit Zehnerzahlen erkennen und zum Rechnen nutzen
Fliesenmuster	116	– Parkette mit verschiedenen Vierecken legen und zeichnen
Halbschriftliche Multiplikation (1)	118	– Unter Ausnutzung von Zerlegungsstrategien zweistellige Zahlen halbschriftlich multiplizieren
Halbschriftliche Multiplikation (2)	120	– Unter Ausnutzung von Zerlegungsstrategien zwei- und dreistellige Zahlen halbschriftlich multiplizieren – Ergebnisse überschlagen
Mit Würfeln bauen	122	– Baupläne von Würfelgebäuden verstehen – Baupläne zeichnen – Gebäude zu Würfeln ergänzen
Kombinatorik	124	– Anzahl verschiedener Möglichkeiten bestimmen und Ergebnisse präsentieren – Das Baumdiagramm kennenlernen und selbst entwickeln
Knobeleien Zahlenfolgen	126	– Rechengesetz „Punkt- vor Strichrechnung" kennenlernen und anwenden – Knobelaufgaben und Zahlenfolgen lösen
Üben und wiederholen	128	– Wiederholende Übungen zum Inhalt des 3. Schuljahrs
Schriftliches Subtrahieren – Ergänzen	130	– Alternative Seite zur S. 90/91